かきこみたくなる やべえうまい 白飯おかず 100

森シェフ

大和書房

はじめに

こんにちは。
料理人歴15年の森シェフです。
「おうちで作るプロの味」をテーマに、InstagramやTikTokなどでオリジナルレシピを発信しています。
私自身、炊き立てのごはんの上においしいおかずをのせて食べるのが大好きで、普段からよく「ごはんのお供」を作っています。家族からも好評で、冷蔵庫にはいつも4品ほどの「ごはんのお供」を常備するほど。
本書では、うちでもよく作る簡単おかずや、子どもの頃に大好きだった母の味のおかず、がっつり食べたい日のお肉やお魚のおかず、ごはんの上にのせるとおいしい野菜のおかずなど合わせて100品紹介しております。
よりおいしくなる「プロのコツ」をポイントとして紹介していますので、ぜひ試してみてください。いつもの味がぐっとプロの味に近づくはずです。
また、冷めてもおいしいおかずばかりなので、お弁当のおかずにしたり、作り置きしておくのもおすすめです。
みなさんの食卓においしい幸せをお届けできれば幸いです。

2023年5月吉日
森シェフ

おいしい、ごはんの炊き方

お鍋でお米を炊くと、
炊飯器より早く、
粒が立ったふっくらごはんが
できあがります。
まずはおいしいごはんを
炊く方法を伝授します！

1

米を20分水に浸す

お米を研いだら、20分ほど水に浸してしっかりお米に水を吸わせます。そうすることで、粘り気が出てふっくらとした仕上がりに。

2

水気を切って5分置く

より正確な水加減で炊くため、浸水させていた水はきちんと切りましょう。ザルに上げて5分ほど置いておきます。

3

鍋に米を入れ、水を加える

お米2合（300g）に対して水270g、3合（450g）に対して水405g、を計って鍋に入れます。お米の分量（重さ）に対して水は0.9倍が基本です。

4

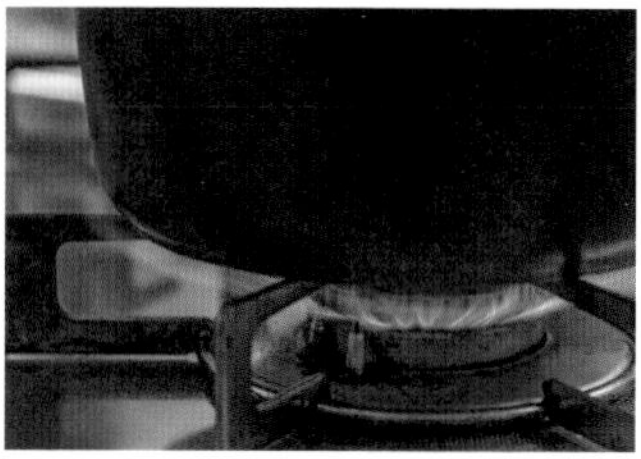

鍋を中〜強火にかける

鍋にふたをし、中〜強火にかけて沸騰させます。およそ5〜7分ほどが目安です。

5

沸いたら、一度かき混ぜる

沸騰したら、ふたを開けて軽くかき混ぜます。かき混ぜることで炊きムラがなくなり、鍋底の焦げも防止できます。

6

ふたをし、12分弱火にかける

吹きこぼれないよう、弱火にかけて12分。お米の中心部にまでしっかりと火を入れます。鍋の大きさに合わせて適宜調整をしましょう。

7

火を止めて6分蒸らす

6分ほどしっかり蒸らすことで、お米の芯までふっくらとさせ、炊きあがりのムラをなくします。

8

つやつやふっくらごはんの完成!!

米粒をつぶさないように、切るようにざっくり混ぜ合わせたらおいしいごはんのできあがり!

CONTENTS

かきこみたくなる　やべぇうまい白飯おかず100

本書では
◎できあがり分量、調理時間、保存期間はおおよその目安です。
◎火加減の目安を記載していますが、ガス、IHなど機種によって異なるため、レシピを参考に火加減や加熱時間を調整してください。
◎分量の単位は大さじ1＝15㎖、小さじ1＝5㎖、茶碗1杯分は150gです。
◎野菜は皮むき、下処理を前提としています。

第3章
箸が進んで止まらない、リピ確定の魚介飯

第４章
おかわり必至のごはんのお供

第５章
みんな大好き！卵が主役のおかず

第６章
冷蔵庫のありもので秀逸おかず

第7章
作り置きしておくと便利！絶品の佃煮＆漬物

付録　どんなおかずもごはんに合う　極上のたれ＆ソース

第1章

ほかほかごはんと一緒にかきこみたくなる肉飯！

KAKIKOMITAI
NIKUMESHI

＼食べごたえ抜群！／

ゴロゴロキーマカレー

コクと甘み、本格的な味わいが楽しめるひと皿。
じっくり煮込まないので、簡単にささっとできあがり！

材料 4人分

ごはん … 茶碗4杯分
牛豚合いびき肉 … 400g
玉ねぎ … 1個（200g）
トマト缶（カット）… 200g
A
- おろしにんにく … 小さじ1
- おろししょうが … 小さじ1
- カレーパウダー … 大さじ1
- クミンパウダー … 小さじ2

塩 … 少々
粗挽き黒こしょう … 少々
オリーブオイル … 大さじ1

作り方

1. 玉ねぎはみじん切りにする。
2. ボウルにひき肉、塩、黒こしょうを入れてよくこねる。
3. フライパンにオリーブオイルと1を入れ、中火で炒める。
4. 玉ねぎがしんなりしたら、2を塊のまま入れて焼く。片面に焼き色がついたら、ひっくり返して焼く。
5. 両面に焼き色がついたらひき肉をほぐし、合わせたAを加えて炒める。
6. 香りが立ったらトマト缶を加え、弱火で10分ほど煮る。
7. 皿にごはんを盛り、6をかけたら完成。

POINT

スパイスを香りが立つまでしっかり炒めることで、より本格的な味わいに。工程6では、トマトの酸みを飛ばして甘みが出るまで煮詰めます。工程3の玉ねぎも甘みが出るまで炒めましょう。

とろとろ豚バラ大根

豚肉のうまみがしみしみ〜

ボリューム満点、大満足のメインおかず！
ほろほろ、とろっとろの食感でおかわり必至。

材料　作りやすい分量

豚バラブロック肉…1kg
大根…1/3本（350g）
にんにく…2片
しょうがの薄切り…8枚
A
- 豚肉のゆで汁…300mℓ
- 大根のゆで汁…300mℓ
- しょうゆ…60mℓ
- オイスターソース…大さじ1
- きび砂糖…大さじ1
- コチュジャン…大さじ1
- 豆板醤…大さじ1

作り方

1 豚肉は80〜100gに切り分ける。大根は皮をむき、2cm幅の半月切りにする。
2 フライパンを強火で熱し、豚肉を並べて焼き、すべての面に焼き色をつける。
3 鍋に2、かぶるくらいの水（分量外）、しょうがを入れて中火にかけ、ふたをして1時間ほどゆでる。
4 別の鍋に大根とかぶるくらいの水（分量外）を入れ、強火にかける。ひと煮立ちさせたら中火にし、大根に竹串がスーッと入るまで20分ほど下ゆでする。
5 鍋に3の豚肉、合わせたA、にんにくを入れて弱火にかけ、ふたをして30分ほど煮る。
6 5に大根を加えてふたをし、さらに30分ほど煮たら完成。

POINT

工程2で豚肉をこんがり焼いてうまみを閉じ込め、工程3でじっくりと下ゆですることでやわらかく仕上げます。味つけに豚肉のゆで汁、大根のゆで汁を使ってうまみを追加します。

＼簡単なのにウマウマ／

豚バラと白菜の煮込み

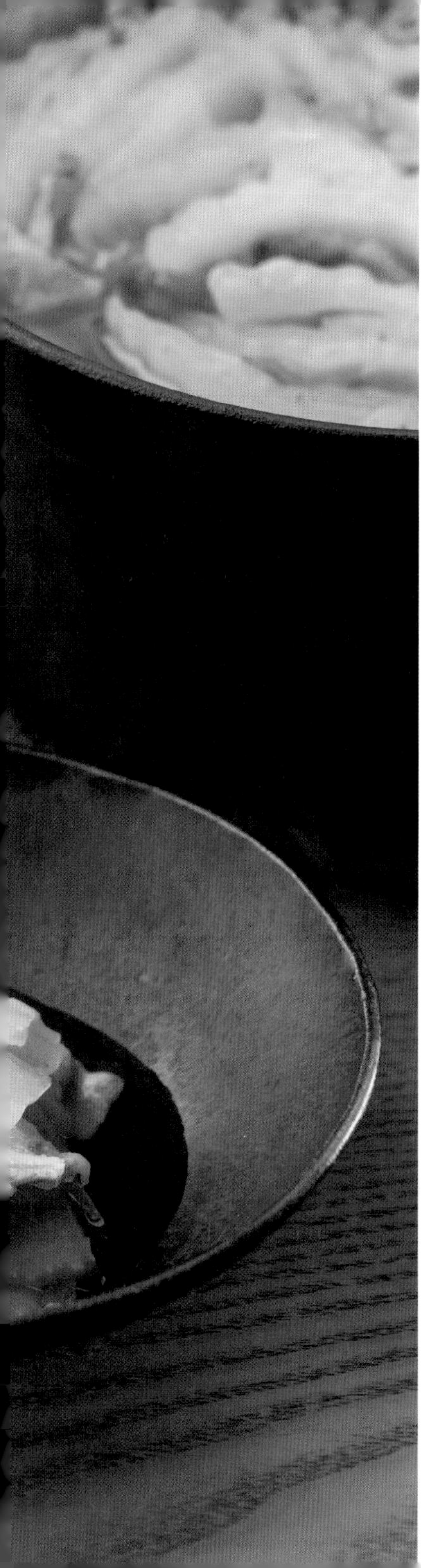

豚肉と白菜の組み合わせは間違いなし！
食欲そそる香りもたまらない、
アツアツをめしあがれ。

材料 3〜4人分

豚バラ薄切り肉 … 200g
白菜 … 1/4 個（500g）

A
- おろしにんにく … 小さじ 1
- おろししょうが … 小さじ 1
- 白だし … 大さじ 2
- 料理酒 … 大さじ 3
- 顆粒和風だしの素 … 小さじ 2
- 水 … 500㎖

作り方

1 白菜は芯の部分を切り落とす。
2 白菜と豚肉を交互に重ね、5cm 幅に切る。
3 鍋に 2 の切り口を上にして敷き詰め、合わせた A を回しかける。
4 中火にかけ、ふたをして 20 分ほど煮たら完成。

POINT

豚肉を白菜のサイズにおさまるように並べ、豚肉のうまみを白菜に染み込ませます。白菜の切り口を上にして鍋に入れると均一に火が入り、さらにおいしく仕上がります。

本場アジアンの香り漂う

ガパオ

タイの屋台飯が手軽に作れちゃう。
バジルとスイートチリソースで本格的な味わいに。

材料　2人分

ごはん … 茶碗2杯分
豚ひき肉 … 200g
玉ねぎ … 1/2個（100g）
ピーマン … 2個
赤パプリカ … 1/2個
バジル … 4枚
にんにく … 1片
A
- スイートチリソース … 大さじ2
- しょうゆ … 小さじ2
- 料理酒 … 大さじ2
- きび砂糖 … 小さじ2

塩 … 2g
サラダ油 … 小さじ2

作り方

1. 玉ねぎ、ピーマン、赤パプリカは1cm角に切る。バジルはちぎる。にんにくはみじん切りにする。
2. ボウルにひき肉と塩を入れ、粘りが出るまでこねる。
3. フライパンを中火で熱して油をひき、2を塊のまま焼く。片面に焼き色がついたら、ひっくり返して焼く。
4. 両面に焼き色がついたら、にんにくを加えて炒める。にんにくの香りが立ってきたら、ひき肉をほぐしながらさらに香りが立つまで炒める。
5. 玉ねぎ、赤パプリカ、ピーマンの順に加えて炒める。しんなりしてきたら合わせたAとバジルを加え、煮汁が少なくなるまで煮詰める。
6. 皿にごはんと5を盛りつけたら完成。

POINT

工程3でひき肉を焼く際、ポロポロにせず、塊のまま焼くことがポイント。うまみが閉じ込められてジューシーに、さらにゴロゴロとした食感になって肉々しさを味わえます。

＼シャッキシャキ！／

やべえうまい豚もやし

シャキシャキ食感に、ニラとにんにくの香り。
本格中華の絶品おかずがあっという間に完成！

材料　2人分

豚バラ薄切り肉…200g
もやし…1袋（200g）
ニラ…1/2束

A
- おろしにんにく…小さじ1/2
- しょうゆ…大さじ1
- 料理酒…大さじ2
- きび砂糖…小さじ1
- コチュジャン…小さじ1
- 顆粒鶏ガラスープの素…小さじ2
- ごま油…大さじ1

作り方

1. 豚肉は4cm幅に、ニラは3cm長さに切る。
2. フライパンに豚肉を入れ、その上にもやし、ニラの順にのせ、合わせたAをかける。
3. ふたをして中火にかけ、7分ほど蒸し焼きにする。
4. ざっと全体を混ぜ合わせたら完成。

POINT

工程3で、豚肉の上にもやしとニラをのせて蒸し焼きにすることで、豚肉のうまみが野菜にプラス。ピリ辛な味つけがほかほかの白飯と絶妙に合います。

＼簡単&幸せ!／

麻婆もやし

比較的安く手に入る万能もやしで、激ウマな一品を。
コスパも、手軽さも、おいしさも最強!

材料 2〜3人分

豚ひき肉…100g
もやし…1袋(200g)

A
- 玉ねぎ…1/4個(50g)
- おろしにんにく…小さじ1/2
- おろししょうが…小さじ1/2
- 豆板醤…小さじ1
- ごま油…大さじ1

B
- 白すりごま…小さじ2
- しょうゆ…小さじ1
- 味噌…小さじ2
- 料理酒…大さじ2
- きび砂糖…小さじ2

作り方

1 Aの玉ねぎはみじん切りにする。
2 鍋にもやしとかぶるくらいの水(分量外)を入れて強火にかけ、沸騰したらザルに上げて湯を切る。
3 フライパンに合わせたAを入れて弱火にかけ、じっくり炒める。
4 香りが立ったらひき肉を加え、炒めながら混ぜ合わせる。
5 合わせたBを加え、汁気が少なくなるまで煮詰める。
6 器に2を盛り、5をかけたら完成。

POINT

もやしは水からゆでるとシャキシャキの食感に仕上がります。工程3では焦がさないようにじっくり炒めることで香りが立ち、食欲そそる一品に!

＼ふっくらジューシー！／

麻婆なす

甜麺醤《テンメンジャン》の香ばしい香りが、本格中華の仕上がりに！
白いごはんにたっぷりのせて、麻婆なす丼にしても。

材料 2〜3人分

豚ひき肉…100g
なす…1個（80g）
玉ねぎ…1/2個（100g）
ピーマン…2個

A
- おろしにんにく…小さじ1
- おろししょうが…小さじ1
- きび砂糖…小さじ2
- 豆板醤…小さじ1
- 甜麺醤…大さじ1
- ラー油…小さじ1

B
- しょうゆ…大さじ1
- 顆粒鶏ガラスープの素…小さじ1
- 水…200mℓ

C
- 片栗粉…小さじ1
- 水…大さじ1

塩…少々
サラダ油…大さじ2と2/3

作り方

1. なすは乱切りに、玉ねぎは5mm幅のくし形切りにする。ピーマンは縦5mm幅に切る。
2. ボウルにひき肉と塩を入れてこねる。
3. フライパンを中火で熱して油大さじ2をひき、なすをやわらかくなるまで炒める。
4. 玉ねぎとピーマンを加え、しんなりするまで炒めたら一度取り出す。
5. 4のフライパンを熱して油大さじ2/3をひき、2を塊のまま焼く。片面に焼き色がついたら、ひっくり返して焼く。
6. 両面に焼き色がついたら合わせたAを加え、ひき肉をほぐしながら炒め合わせる。
7. 4の野菜を戻し入れ、合わせたBを加えてよく混ぜ合わせる。ひと煮立ちさせたら火を止める。
8. 合わせたCを加えて混ぜ合わせ、とろみがついたら完成。

POINT

なすにしっかり油を吸わせるために、炒める油の量はやや多めに。ムラなく油を行き渡らせたほうが、食感もおいしくなります。甜麺醤はしっかり火を入れ、香りを引き出しましょう。

お酒の〆にもぴったり

薬味鶏茶漬け

ささみのしっとり感と、しば漬けのコリコリ食感！
薬味の香りが食欲をそそり、さらっといけちゃう。

材料 2人分

ごはん…茶碗2杯分
鶏ささみ…2本
大葉…2枚
みょうが…1本
万能ねぎ…1本
しば漬け…少々
白炒りごま…少々

A
- おろししょうが…少々
- 白だし…大さじ2
- 顆粒和風だしの素…小さじ1
- 水…400㎖

砂糖…大さじ1
塩…大さじ1
水…1ℓ

作り方

1. 大葉はせん切りに、みょうがは輪切りに、万能ねぎは小口切りにする。
2. 鍋に水を入れて火にかけ、沸騰したら砂糖と塩を入れる。ささみを加えたらすぐに火を止め、ふたをして20分ほど置く。
3. ささみの繊維に沿って割き、筋があれば取り除く。
4. 別の鍋に合わせたAを入れて中火にかけ、ひと煮立ちさせる。
5. 茶碗にごはんを盛り、3、1、しば漬けをのせ、白ごまを散らし、4をかけたら完成。

POINT

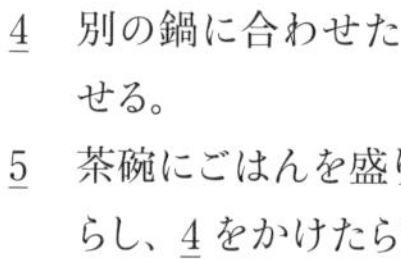

ささみをしっとりと仕上げるために、鍋に入れたら余熱でじっくり火を入れていきます。工程2で、砂糖と塩で下味をつけると味に深みが出ます。アツアツのだし汁をかけると香りが立って美味。

鶏そぼろと卵の雑炊

／やさしい癒しの味／

鶏そぼろをたくさん作ったら、
雑炊にも使えます。
とろっとろの卵が、
ほっと落ち着くやさしい味わいに。

材料 1人分

ごはん … 120g
鶏そぼろ（P.32の「鶏そぼろ」の作り方参照）… 適量
万能ねぎ … 少々
卵 … 1個

A
- 白だし … 大さじ2
- みりん … 大さじ1
- 顆粒和風だしの素 … 小さじ1
- 水 … 300mℓ

作り方

1 万能ねぎは小口切りにする。
2 鍋に合わせたAを入れて中火にかける。
3 ひと煮立ちさせたらごはんを加え、3分ほど煮る。
4 軽く溶いた卵を回し入れ、固まってきたら火を止める。
5 器に4を盛り、鶏そぼろ、万能ねぎをのせたら完成。

POINT

卵は火の通りが早いので、溶いた卵を流し入れて3秒ほどで火を止めるイメージです。卵の味に深みを出すため、卵は溶きすぎないのがポイント。

＼プロ級の仕上がり！／

焼き鳥缶の親子丼

おつまみでおなじみの焼き鳥の缶詰を使えば、
簡単に味が決まって失敗知らず！

材料 2人分

ごはん…茶碗2杯分
焼き鳥缶…2缶
玉ねぎ…1/4個（50g）
三つ葉…少々
卵…3個

A
- しょうゆ…大さじ2
- 料理酒…大さじ2
- みりん…大さじ2
- きび砂糖…小さじ1
- 顆粒和風だしの素…小さじ1
- 水…80mℓ

サラダ油…小さじ2

作り方

1 玉ねぎは薄切りに、三つ葉はざく切りにする。
2 フライパンを中火で熱して油をひき、玉ねぎを焼き色がつくまで炒める。
3 合わせたAと焼き鳥缶を加え、3分ほど煮る。
4 軽くほぐした卵を6割ほど回し入れ、ふたをして1分ほど蒸し焼きにする。
5 残りの卵を加え、三つ葉を散らしたらすぐに火を止め、ふたをして30秒ほど蒸す。
6 丼にごはんを盛り、5をのせたら完成。

POINT

溶いた卵を2回に分けて加えることでふわとろの食感を味わえます。鶏肉がなくても焼き鳥缶を常備しておけば、あっという間においしい親子丼の完成！

鶏そぼろ

たっぷりかけたい！

材料 2人分

鶏ひき肉 … 200g
しょうが … 10g
A
- しょうゆ … 大さじ1
- 味噌 … 小さじ1
- 料理酒 … 大さじ2
- みりん … 大さじ1
- きび砂糖 … 大さじ1

ごま油 … 小さじ2

作り方

1. しょうがはみじん切りにする。
2. フライパンにごま油としょうがを入れ、中火で炒める。
3. 香りが立ったら、ひき肉を加えてほぐしながら炒める。
4. 合わせたAを加え、汁気がなくなるまで煮詰めたら完成。

POINT

味噌を加えてコクのある鶏そぼろに。しょうがを多めに使ってうまみを引き出します。工程2で、しょうがをしっかりと炒めて香りを立たせると味が締まります。

第2章

白飯ドロボー！の
がっつり肉おかず

GATTSURI
NIKUOKAZU

家庭料理の定番・肉じゃがをカレー風味にすれば、
子どももパクパクいけちゃうボリュームおかずに。

＼ほっくほくの／ カレー風味の肉じゃが

材料 4人分

牛こま切れ肉…300g
じゃがいも…3個（300g）
玉ねぎ…1個（200g）
にんじん…1本（150g）
絹さや…10枚
A
- しょうゆ…70mℓ
- みりん…70mℓ
- きび砂糖…小さじ1
- カレーパウダー…小さじ2
- 顆粒和風だしの素…小さじ2
- 水…500mℓ

サラダ油…小さじ2

作り方

1 じゃがいもとにんじんは皮をむいてひと口大に切る。玉ねぎは1cm幅のくし形切りにする。絹さやは筋を取り除く。
2 フライパンを中火で熱して油をひき、牛肉を炒めて火が通ったら、一度取り出す。
3 2のフライパンにじゃがいも、にんじん、玉ねぎを入れて中火にかけ、焼き色がつくまで炒める。
4 2の牛肉を戻し入れ、合わせたAを加える。落としぶたをして弱火で15分ほど煮込む。
5 絹さやを加え、煮汁をかけながら火を通したら完成。

POINT

工程3で、牛肉の脂やうまみが残ったフライパンで野菜を炒め、野菜にうまみを染み込ませます。野菜をしっかり焼いてうまみを閉じ込めて。

何度も作りたくなる

肉豆腐

甘辛い味つけに、牛肉のうまみが染みた肉豆腐。
アツアツをごはんにのせてハフハフ食べたい絶品！

材料 4人分

牛こま切れ肉 … 250g
玉ねぎ … 1個（200g）
大葉 … 10枚
長ねぎ … 1本
しょうが … 5g
焼き豆腐 … 300g
糸こんにゃく … 1袋（200g）
A
しょうゆ … 100mℓ
みりん … 200mℓ
きび砂糖 … 大さじ1
顆粒和風だしの素 … 小さじ2
水 … 300mℓ
サラダ油 … 小さじ2

作り方

1. 玉ねぎは薄切りに、大葉としょうがはせん切りにする。長ねぎは1cm幅の斜め切りにする。焼き豆腐は10等分に切る。糸こんにゃくは食べやすい長さに切る。
2. フライパンを中火で熱して油をひき、牛肉と玉ねぎを焼き色がつくまで炒める。
3. 合わせたAを加えてひと煮立ちさせ、5分ほど煮ながらアクを取り除く。
4. 焼き豆腐、糸こんにゃく、長ねぎ、しょうがを加え、落としぶたをして弱火で15分ほど煮込む。
5. 器に4を盛り、大葉をのせたら完成。

POINT

工程3で、牛肉を玉ねぎと一緒に煮ることで牛肉がやわらかくなります。工程4で煮込んだあと、火を止めて冷ましておくとさらに味がよく染みます。大葉をたっぷりのせ、風味よくいただきます。

ビールにも合う！

プルコギ煮

ごはんが進む、ピリ辛な韓国おかず。
白ごはんにのせてもよし、
葉野菜で巻いてもよし！

材料 2人分

牛こま切れ肉…200g
玉ねぎ…1/2個（100g）
にんじん…1/4本（40g）
ピーマン…2個
A
- おろしにんにく…小さじ1/2
- おろししょうが…小さじ1/2
- しょうゆ…大さじ2
- 料理酒…大さじ2
- みりん…大さじ2
- きび砂糖…小さじ1
- コチュジャン…大さじ1

サラダ油…小さじ2

作り方

1 玉ねぎは薄切りに、にんじんはせん切りにする。ピーマンは縦5mm幅に切る。
2 ボウルにAを入れて混ぜ合わせ、牛肉を加えて10分ほど浸ける。
3 フライパンを中火で熱して油をひき、玉ねぎ、にんじん、ピーマンの順に炒める。
4 2をたれごと3に加え、ふたをして5分ほど煮たら完成。

POINT

牛肉をAのたれに浸け込むと、甘辛な味がしっかり染み込みます。目安は10分。長く浸け込むと濃い味になりすぎるので気をつけて。さらに、野菜を同じサイズに切りそろえると食べやすいです。

＼簡単なのに本格派！／

無限チャプチェ

野菜と春雨の歯ごたえもおいしい、ヘルシーな逸品。
甘辛い味つけと食欲そそる香りでぺろりと完食！

材料 3〜4人分

牛こま切れ肉 … 100g
玉ねぎ … 1/2個（100g）
にんじん … 1/5本（30g）
赤パプリカ … 1/3個
ニラ … 1/3束
緑豆春雨 … 80g

A
- おろしにんにく … 小さじ1/2
- しょうゆ … 大さじ2
- 料理酒 … 大さじ1
- みりん … 大さじ2
- きび砂糖 … 大さじ1
- ごま油 … 大さじ1

サラダ油 … 小さじ2

作り方

1 玉ねぎは5mm幅のくし形切りに、にんじんはせん切りにする。赤パプリカは縦5mm幅に、ニラは3cm長さに切る。
2 耐熱ボウルに春雨を入れ、かぶるくらいの熱湯（分量外）を加える。ラップをして10分ほど置いたら水で洗い、食べやすい長さに切る。
3 フライパンを中火で熱して油をひき、牛肉、玉ねぎ、にんじん、赤パプリカ、ニラの順に炒める。
4 合わせたAを半量加えてなじませたら、一度取り出す。
5 4のフライパンで2の春雨を炒め、残りのAを加えてなじませる。
6 4の牛肉と野菜を戻し入れ、全体を炒め合わせたら完成。

POINT

春雨を熱湯で戻したあと、水で洗うとぷりぷりとした食感が残ります。工程5で、牛肉と野菜を炒めたフライパンで春雨を炒めれば、うまみが染みてまとまりのある仕上がりに。

＼衣が主役!!／

ザクザクチキン

表面はザクザク、 中はじゅわっとジューシーに。
食感もおいしいフライドチキンで子どもも大よろこび！

材料 2人分

鶏もも肉 … 1枚（300g）

A
- おろしにんにく … 小さじ1/2
- おろししょうが … 小さじ1/2
- しょうゆ … 大さじ2
- 料理酒 … 大さじ2
- きび砂糖 … 小さじ1
- カレーパウダー … 小さじ1/2
- 粗挽き黒こしょう … 少々

上新粉 … 大さじ4
片栗粉 … 大さじ2
揚げ油 … 適量

作り方

1 鶏肉は半分に切る。
2 ボウルに合わせたAと1を入れ、よくもみ込んで30分ほど置く。
3 別のボウルに上新粉と片栗粉を入れて混ぜ、2を入れて粉をしっかりとつける。
4 3をバットに移し、冷蔵庫で20分ほど乾燥させる。
5 180℃に熱した揚げ油で4をきつね色になるまで揚げたら完成。

POINT

衣に上新粉を使うとザクザク食感になります。さらに、衣をつけた状態で冷蔵庫で乾燥させて衣の水分を抜くと、よりザクザク感が増します。

＼表面はパリッ、中はふわっ！／

カリカリチキンの照り煮

たれを絡めても、鶏皮のカリカリ食感をキープ。
バターの風味とコクで食欲がさらに増し増しに！

材料 2人分

鶏もも肉…1枚(300g)
玉ねぎ…1/2個(100g)
エリンギ…1パック(100g)
バター(無塩)…10g
A しょうゆ…大さじ2
 料理酒…大さじ3
 みりん…大さじ2
 きび砂糖…小さじ2
塩…少々
サラダ油…小さじ2

作り方

1 玉ねぎは薄切りにする。エリンギは横半分に切り、5mm幅に切る。
2 鶏肉は筋や軟骨を取り除き、塩を振る。
3 フライパンを中火で熱して油をひき、2の皮目を下にして8分ほど焼く。
4 皮がカリカリになったら、ひっくり返して焼く。身側にも火が通ったら、一度取り出す。
5 4のフライパンを中火で熱し、玉ねぎとエリンギをしんなりするまで炒める。
6 バターと合わせたAを加えて全体をなじませ、4の鶏肉を身側を下にして戻し入れる。
7 3分ほど煮詰めたら取り出し、食べやすい大きさに切って器に盛る。

POINT

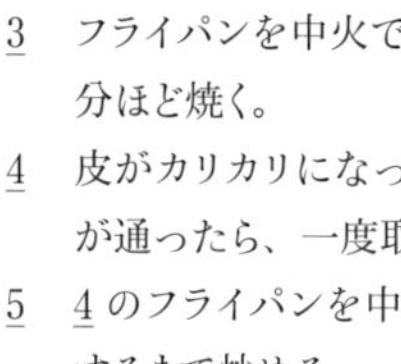

鶏肉の皮目をきつね色になるまでしっかりと焼き、カリカリ食感に。鶏肉の身側だけを煮詰めて味を染み込ませ、カリカリ食感は残しておきます。工程6でバターを加えてまろやかさとコクをオン。

和食の王道がウマい！

筑前煮

じんわり味が染み込んだ家庭の味！
根菜もたっぷり食べられる、やさしい甘辛な味つけです。

材料 4人分

- 鶏もも肉…1枚（300g）
- にんじん…1本（150g）
- ごぼう…1本（200g）
- れんこん…100g
- 絹さや…10枚
- 干ししいたけ…6個
- こんにゃく…1枚（250g）
- A
  - 料理酒…200mℓ
  - みりん…100mℓ
- B
  - しょうゆ…30mℓ
  - めんつゆ（2倍濃縮）…30mℓ
  - きび砂糖…小さじ1
- 塩…少々
- サラダ油…小さじ2
- 水…600mℓ

作り方

1. 干ししいたけは水に浸け、4時間ほど置いて戻し、半分に切る。戻し汁は取っておく。
2. 鶏肉はひと口大に切り、塩を振る。絹さやは筋を取る。
3. にんじんとごぼうは乱切りに、れんこんは1cm幅の半月切りにする。こんにゃくはスプーンでひと口大にちぎる。
4. フライパンを中火で熱して油をひき、鶏肉を焼き色がつくまで焼く。
5. 4に3を加え、5分ほど炒める。
6. 合わせたA、戻したしいたけ、しいたけの戻し汁を加え、ふたをして5分ほど煮る。
7. 合わせたBを加え、煮汁が半量になるまで煮詰める。
8. 絹さやを加え、煮汁をかけながら火を通したら完成。

POINT

うまみたっぷりの干ししいたけの戻し汁を使うのが味の決め手。料理酒とみりんを先に加えてアルコールを飛ばし、その後にBで味つけをします。最後に加える絹さやは、余熱で火を通す程度でOK！

＼超速楽チン！／

やべえうまい豚レタス

レタス1個、 余裕でぺろりといけちゃう!
ごはんはもちろん、 お酒も進む極上おかず。

材料 4人分

豚バラ薄切り肉 … 200g
レタス … 1個 (350g)

A
- おろしにんにく … 小さじ1/2
- しょうゆ … 大さじ1
- 料理酒 … 大さじ2
- きび砂糖 … 小さじ1
- 豆板醤 … 小さじ1
- ごま油 … 大さじ1

作り方

1 豚肉は4cm幅に切る。 レタスは洗っておく。
2 フライパンに豚肉を入れ、その上にレタスをちぎってのせる。
3 合わせたAを回し入れて中火にかけ、ふたをして7分ほど蒸し焼きにする。
4 全体を混ぜ合わせたら完成。

POINT

豚肉の上にレタスをのせ、蒸し焼きにすることで豚のうまみをレタスに染み込ませます。にんにくの風味とピリ辛な味わいで、白飯が止まらなくなります。

＼迷ったらこれ！／

肉団子の甘酢あんかけ

酸みと甘みの絶妙なハーモニーがクセになる。
ふわっとやわらかい肉団子に、箸が止まらない！

材料　4人分

牛豚合いびき肉…200g
玉ねぎ…3/4個（150g）
ピーマン…2個
赤パプリカ…1/4個
溶き卵…1/2個分
片栗粉…適量

A
- しょうゆ…大さじ2
- ケチャップ…大さじ2
- きび砂糖…大さじ2
- 顆粒鶏ガラスープの素…小さじ1
- 水…100mℓ

酢…大さじ2
塩…2g
粗挽き黒こしょう…少々
サラダ油…適量

作り方

1. 玉ねぎは1/2個を5mm幅のくし形切りに、残り1/4個をみじん切りにする。ピーマンと赤パプリカは縦5mm幅に切る。
2. ボウルにひき肉、みじん切りにした玉ねぎ、溶き卵、塩、黒こしょうを入れ、粘りが出るまでよくこねる。
3. 2を食べやすい大きさに分けて丸め、片栗粉をまぶす。
4. フライパンに油を多めに入れて熱し、温度が上がってきたら3をひっくり返しながら5分ほど揚げ焼きにする。きつね色になったら、一度取り出す。
5. フライパンを中火で熱して油小さじ2をひき、くし形切りにした玉ねぎ、赤パプリカ、ピーマンの順に炒める。
6. しんなりしたら、合わせたAを加えてなじませる。
7. 4の肉団子を加えて少し煮詰め、とろみがついたら仕上げに酢を加える。全体を混ぜ合わせたら完成。

POINT

水溶き片栗粉でとろみをつけるとダマになりやすいのですが、このレシピでは肉団子自体に片栗粉をまぶしてあるので、工程7で肉団子を加えて煮詰めるだけでとろみがつきます。

絶対失敗しない！

肉詰めピーマンの照り焼き

とろとろ〜のチーズとピーマンの相性がたまらない。
甘辛なたれが絡んで、白いごはんがどんどん進みます。

材料 10個分

牛豚合いびき肉 … 150g
ピーマン … 10個
玉ねぎ … 1/4個（50g）
とろけるチーズ … 適量

A
しょうゆ … 大さじ1
料理酒 … 大さじ2
みりん … 大さじ1
きび砂糖 … 小さじ2

塩 … 少々
粗挽き黒こしょう … 少々
サラダ油 … 小さじ2

作り方

1 ピーマンはヘタを切り落とし、種とワタを取り除く。玉ねぎはみじん切りにする。
2 ボウルにひき肉、玉ねぎ、塩、黒こしょうを入れ、粘りが出るまでよくこねる。
3 ピーマンの1/3量に2の肉ダネを入れ、その上にとろけるチーズを入れる。さらに肉ダネを、ふたをするようにして詰める。
4 フライパンを中火で熱して油をひき、3を両面に焼き色がつくまで焼く。
5 ふたをして弱火にし、10分ほど蒸し焼きにする。
6 合わせたAを加え、煮汁が1/3量になるまで煮詰めたら完成。

POINT

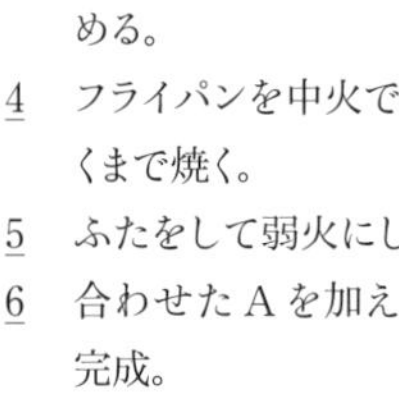

ピーマンをまるごと使えば、肉ダネがはがれにくく失敗知らず。肉汁が流れ出ないので、ジューシーな仕上がりになります。チーズが入っているので、とろとろ〜の子どもも食べやすい味に。

無限肉味噌ピーマン

＼パリパリがやみつきに！／

パリッとしたピーマンにジューシーな肉そぼろをオン。
大人も子どももパクパクいける絶品おかずです。

材料 10個分

豚ひき肉…150g
ピーマン…5個
ごぼう…1/5本（40g）
しいたけ…3個
にんにく…1/2片
しょうが…5g

A
- しょうゆ…小さじ1
- 味噌…小さじ1
- 料理酒…大さじ1
- きび砂糖…小さじ2
- 豆板醤…小さじ1/2

サラダ油…小さじ2

作り方

1 ピーマンは半分に切り、ヘタ、種、ワタを取り除いたら、氷水に1時間ほど浸けておく。
2 ごぼう、しいたけ、にんにく、しょうがはみじん切りにする。
3 フライパンに油、にんにく、しょうがを入れ、中火で炒める。
4 香りが立ったらひき肉を加え、ほぐしながら炒める。
5 ごぼうとしいたけを加え、しんなりするまで炒める。
6 合わせたAを加え、汁気がなくなるまで煮詰めたら、「肉味噌」の完成。
7 器に1のピーマンを盛り、肉味噌を添える。ピーマンに肉味噌をのせていただく。

POINT

ピーマンを氷水に1時間浸けると、シャキシャキパリパリの食感になります。苦みやえぐみも抜けるので、食べやすいフレッシュな味わいに。

れんこんのはさみ焼き

／何個食べてもヘルシー／

シャキシャキした歯ごたえが絶品！
おかずにも、おつまみにも、翌日のお弁当にも。

材料 7〜8個分

豚ひき肉…150g
れんこん…200g
玉ねぎ…1/4個（50g）
大葉…4枚

A
- おろしにんにく…小さじ1/2
- おろししょうが…小さじ1/2
- しょうゆ…小さじ1
- 塩…少々
- ごま油…小さじ1

薄力粉…適量
塩…少々
粗挽き黒こしょう…少々
サラダ油…大さじ1

作り方

1 れんこんは皮をむき、3mm幅に切る。水に浸けて10分ほど置いたら、水気を切る。
2 玉ねぎと大葉はみじん切りにする。
3 ボウルにひき肉、2、Aを入れ、粘りが出るまでよくこねる。
4 れんこんで3の肉ダネをはさみ、塩、黒こしょうを振り、薄力粉をまぶす。
5 フライパンを中火で熱して油をひき、4を並べ入れたらふたをして5分蒸し焼きにする。
6 焼き色がついたら、ひっくり返してさらに5分焼き、きつね色になったら完成。

POINT

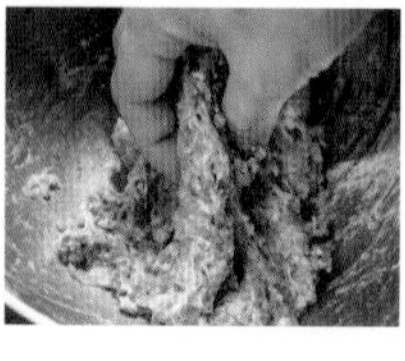

工程3で肉ダネをよくこねて粘りを出すと、肉汁が流れ出ず、よりジューシーな仕上がりになります。れんこんは厚すぎず薄すぎず、歯ごたえが残る幅に切りそろえましょう。

手羽元煮

さっぱりジューシー！

材料　2〜3人分

鶏手羽元 … 300g

A
- しょうゆ … 大さじ5
- みりん … 大さじ5
- きび砂糖 … 大さじ4
- 酢 … 大さじ1
- 水 … 600mℓ

サラダ油 … 小さじ2

作り方

1 フライパンを中火で熱して油をひき、手羽元を入れてまんべんなく焼き色をつける。

2 鍋に1と合わせたAを入れて強火にかけ、煮汁が少なくなるまで煮詰めたら完成。

POINT

手羽元の表面を焼くことでうまみを閉じ込めます。照りが出るまでしっかり煮詰めると、手羽元に味が染み込んでおいしく仕上がります。

第3章

箸が進んで止まらない、リピ確定の魚介飯

TOMARANAI GYOKAIMESHI

＼黄金比のたれで／

サバの煮つけ

ふっくら煮上げた、まるで定食屋さんのようなお店の味。
とろりとするまでたれを煮詰めて、甘辛な味わいに。

材料 2人分

サバの切り身…2切れ（200g）
長ねぎ（白い部分）…10cm
しょうが…5g

A
- しょうゆ…50㎖
- 料理酒…200㎖
- みりん…60㎖
- きび砂糖…小さじ2
- 水…200㎖

作り方

1 長ねぎは半分を白髪ねぎにする。残りは横半分に切る。しょうがは薄切りにする。
2 鍋に約60℃の湯適量（分量外）を張り、サバを5秒ほどくぐらせる。
3 すぐに冷水にとって洗い、残った血合いや汚れを取り除く。
4 鍋に合わせたA、横半分に切った長ねぎ、しょうが、3のサバを入れて中火にかけ、ひと煮立ちさせたらアクを取る。
5 落としぶたをして弱火で20分ほど煮たら、サバを器に盛る。
6 煮汁をとろみがつくまで煮詰めたら5にかけ、白髪ねぎをのせたら完成。

POINT

サバを5秒ほどお湯にくぐらせることで臭みが取れます。さらに、氷水で締めながら、ぬめりやうろこ、汚れを取り除けば、仕上がりの食感や香りが違います。

サケのマリネ

／揚げずに手軽！／

野菜がたくさん食べられるさっぱりおいしい主菜。
うまみが染み込んだ調味液でおかわり必至。

材料 2人分

サケの切り身 … 2切れ（160g）
玉ねぎ … 1/4個（50g）
にんじん … 1/5本（30g）
ピーマン … 1個
なす … 1/4個（20g）
しいたけ … 1個
片栗粉 … 大さじ2

A
- しょうゆ … 大さじ1
- 料理酒 … 大さじ3
- みりん … 大さじ3
- 水 … 大さじ3

酢 … 大さじ2
塩 … 少々
こしょう … 少々
サラダ油 … 適量

作り方

1 サケは骨を取り除き、ひと口大に切る。塩、こしょうを振り、片栗粉をまぶす。
2 玉ねぎは5mm幅のくし形切りに、にんじんはせん切りにする。ピーマンとなすは縦5mm幅に切る。しいたけは石づきを取り除き、薄切りにする。
3 フライパンに油を多めに入れて熱し、温度が上がってきたら1をひっくり返しながら4分ほど揚げ焼きにする。
4 サケに火が通ったら油を切り、密閉保存容器に入れる。
5 フライパンを中火で熱して油小さじ2をひき、玉ねぎ、にんじん、なす、しいたけ、ピーマンの順に炒める。
6 しんなりしたら、合わせたAを加えて3分ほど煮る。
7 酢を加えたらすぐに火を止め、混ぜ合わせる。
8 4に7を加え、粗熱を取る。冷蔵庫で1時間ほど寝かせたら完成。

POINT

工程6で、野菜を炒めたところに調味液を加えると、野菜のだしがたれに染み出します。工程8で、冷蔵庫で寝かせれば、強い酸みが抜けるうえサケに味がなじみます。

＼香りもおいしい！／

イワシのしょうが煮

さわやかなしょうがの香りがアクセントに。
こっくり甘辛な味つけで、
最強のごはんのお供に。

材料　4尾分

真イワシ（処理済み）… 4尾
しょうが … 15g
針しょうが … 少々

A
- しょうゆ … 50mℓ
- 料理酒 … 200mℓ
- みりん … 60mℓ
- きび砂糖 … 小さじ2
- 水 … 200mℓ

作り方

1. しょうがはせん切りにする。
2. 鍋に約60℃の湯適量（分量外）を張り、イワシを5秒ほどくぐらせる。すぐに冷水にとって洗い、残った血合いやうろこを取り除く。
3. 鍋に1、2、合わせたAを入れて中火にかけ、ひと煮立ちさせたらアクを取る。落としぶたをして弱火で20分ほど煮たら、イワシを器に盛る。
4. 煮汁をとろみがつくまで煮詰めたら3にかけ、針しょうがをのせたら完成。

POINT

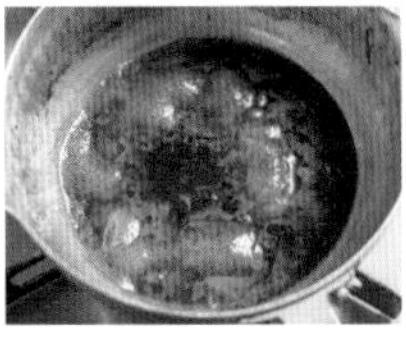

イワシをふっくら煮たら、それ以上固くならないよう、煮汁だけを煮詰めます。工程2では、イワシをお湯にくぐらせる温度が高温だとボソボソになってしまうので気をつけて。

＼ハワイの伝統料理／

ブリのポキ

魚介と香味野菜の風味を合わせた
食欲そそる一品。
脂がたっぷりのったブリで、
ぷりぷりの食感も楽しんで。

材料　4人分

ブリの刺し身 … 120g
玉ねぎ … 1/4 個（50g）
万能ねぎ … 1 本
A
- おろしにんにく … 小さじ 1/2
- しょうゆ … 小さじ 2
- めんつゆ（2 倍濃縮）… 小さじ 2
- ごま油 … 小さじ 1

塩 … 少々

作り方

1　ブリに塩を振り、冷蔵庫で 15 分ほど寝かせる。 出てきた水分をキッチンペーパーで拭き取り、1cm 角に切る。
2　玉ねぎはみじん切りに、万能ねぎは小口切りにする。
3　ボウルに合わせた A を入れ、1 と 2 を加えて和えたら完成。

POINT

玉ねぎのみじん切りが、ブリの臭みを取ってくれます。いつものお刺し身にひと手間加えるだけで、箸が止まらないおいしさに！

アジのなめろう

＼酒のアテにもぴったり！／

青魚を薬味と叩いて味噌で味つけをする漁師飯。
炊き立てのごはんにたっぷりのせてなめろう丼にも！

材料 2人分

アジの切り身（サク）… 160g
A
- 白炒りごま … 小さじ1
- 大葉 … 2枚
- みょうが … 1本
- 万能ねぎ … 2本

しょうゆ … 小さじ2
味噌 … 大さじ1
塩 … 少々

作り方

1 Aの大葉とみょうがはみじん切りに、万能ねぎは小口切りにする。
2 アジに塩を振り、冷蔵庫で15分ほど寝かせる。出てきた水分をキッチンペーパーで拭き取り、1cm幅に切る。
3 2にしょうゆと味噌を合わせ、包丁で叩く。
4 Aも加え、さらに包丁で叩きながら合わせたら完成。

POINT

アジに塩を振って余分な水分を出すことで臭みが取れ、うまみが凝縮されます。また、先にしょうゆと味噌で叩いて下味をしっかりとつけてから薬味と合わせれば、薬味の香りがしっかりと出ます。

タイのごま和え

／上品で濃厚な味わい／

いつものお刺し身にひと手間を加えて。
ごはんにのせてお茶漬けにしてもおいしい。

材料 2人分

タイの刺し身 … 120g
万能ねぎ … 1本
白炒りごま … 少々
A
- 白練りごま … 大さじ1
- 白すりごま … 小さじ1
- しょうゆ … 大さじ1
- めんつゆ（2倍濃縮）… 小さじ2
- 酢 … 小さじ1

塩 … 少々

作り方

1 万能ねぎは小口切りにする。
2 タイに塩を振り、冷蔵庫で15分ほど寝かせる。出てきた水分をキッチンペーパーで拭き取る。
3 ボウルに合わせたAを入れ、2を加えて和える。
4 器に盛り、白ごまと万能ねぎを散らしたら完成。

POINT

タイの余分な水分を拭き取って臭みを取り除き、うまみを凝縮。タイの切り身（サク）を使う場合は、工程2までやったら8mm幅に切って使ってください。Aの和えだれに酢を入れてさっぱりと。

\コクとうまみが凝縮/

アサリの青菜炒め

青菜の炒め物にアサリをプラスした贅沢なおかず。
スープまで飲み干したくなるひと皿。

材料　4人分

アサリ … 200g
小松菜 … 2束
にんにく … 1片
しょうゆ … 小さじ1
顆粒鶏ガラスープの素 … 小さじ1
塩 … 少々
粗挽き黒こしょう … 少々
ごま油 … 大さじ1
サラダ油 … 小さじ2
水 … 100㎖

作り方

1　アサリは砂抜きしておく。
2　小松菜は4cm長さに切り、茎と葉に分ける。にんにくはみじん切りにする。
3　フライパンにサラダ油とにんにくを入れて中火で熱し、香りが立つまで炒める。
4　アサリと水を加え、ふたをして2分ほど蒸し焼きにする。
5　鶏ガラスープの素を加え、ざっと混ぜ合わせる。
6　別のフライパンを中火で熱してごま油をひき、小松菜の茎を30秒ほど炒める。さらに小松菜の葉を加え、塩、黒こしょうを振り、5としょうゆを加えてなじませたら完成。

POINT

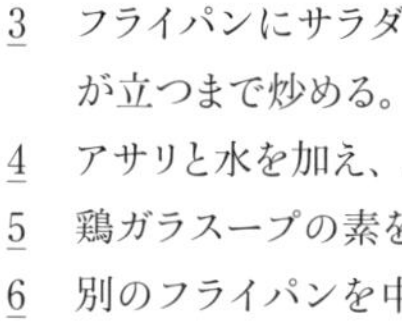

アサリを合わせればうまみたっぷりの青菜炒めに！　小松菜は、茎を先に炒めてから葉を炒め合わせることで、全体的に同じ歯ざわりに仕上がります。

＼1分で完成！／

無限サバ缶

材料 2人分

サバ缶（水煮）… 1缶（150g）
大葉 … 5枚
みょうが … 1本
甘酢しょうが（ガリ）… 30g
A 白炒りごま … 小さじ1
　しょうゆ … 小さじ1
　ごま油 … 小さじ1

作り方

1 大葉、みょうが、甘酢しょうがはみじん切りにする。
2 ボウルに汁気をよく切ったサバ缶を入れてほぐす。
3 2にAを加えて混ぜ合わせる。
4 さらに1を加えて混ぜ合わせたら完成。

POINT

サバ缶の汁気をよく切ると、Aのしょうゆとごま油がしっかりと絡まります。調味液で和えて下味をつけてから薬味を合わせれば、薬味の香りが生きてきます。

ツナなめろう

手軽な食材で絶品！

材料 2人分

ツナ缶（油漬け）… 1缶（70g）
大葉 … 3枚
みょうが … 1本
長ねぎ … 1/4本
おろししょうが … 少々
白炒りごま … 少々
味噌 … 小さじ2

作り方

1 ツナ缶の油はよく切る。大葉、みょうが、長ねぎは細かく刻む。
2 1、おろししょうが、味噌を合わせて包丁で叩く。
3 器に2を盛り、白ごまを振ったら完成。

POINT

長ねぎを加えると、ツナの臭みが消えるうえ、ほんのり感じる辛みとの相性が抜群。
工程2でツナをしっかり叩いて細かく刻むと、味噌の味がよくなじみます。

＼リピ確定！／

無限ツナピーマン

ストックしてあるもので
簡単に作れちゃう。
冷めてもおいしいので
作り置きしておくと便利！

材料 2人分

ピーマン…2個

A
- ツナ缶（油漬け）…1/2缶（35g）
- 塩昆布…小さじ1
- かつお節…3g
- めんつゆ（2倍濃縮）…小さじ2
- 粗挽き黒こしょう…少々
- ごま油…小さじ1

作り方

1. Aのツナ缶は油をよく切る。
2. ピーマンは半分に切り、ヘタ、種、ワタを取り除いたら、繊維に逆らって2mm幅に切る。
3. 2を氷水に浸けて1時間ほど置く。
4. 3の水気をしっかりと切り、ボウルに入れる。Aを加えて混ぜ合わせたら完成。

POINT

ピーマンを氷水に浸けておくと、パリパリとした食感に！　ピーマン独特のえぐみや青臭さが消えるので、この工程は省かないようにしましょう。

何杯でもいけちゃう

アサリとじゃがいもの味噌汁

ほくほくのじゃがいもとうまみたっぷりのアサリ。
バターのコクをプラスしてマイルドな味わいに。

材料 3〜4人分

アサリ … 200g
じゃがいも … 1個（100g）
バター（無塩）… 5g
味噌 … 大さじ2
だし汁 … 600mℓ

作り方

1 アサリは砂抜きしておく。
2 じゃがいもは皮をむいてひと口大に切り、耐熱皿に入れて600Wの電子レンジで3分ほど加熱する。
3 鍋にだし汁とアサリを入れて中火にかけ、アサリが開くまで煮る。
4 開いたアサリを取り出したら、じゃがいもを加えて中火にかけ、やわらかくなるまで煮る。
5 味噌を溶き入れ、バターを加える。
6 お椀にアサリを入れ、5を注いだら完成。

POINT

アサリを煮た煮汁でじゃがいもを煮ると、じゃがいもにもうまみがたっぷり染み込みます。アサリは火を入れすぎるとかたくなってしまうので、じゃがいもを煮る前に取り出します。相性がいいバターを入れてコクをオン。

／コリコリ食感の／

悪魔のおにぎり

材料　6個分

ごはん … 1合分
明太子 … 40g
ツナ缶（油漬け）… 1缶（70g）
大葉 … 4枚
たくあん … 40g
韓国のり … 4枚
白炒りごま … 大さじ1
マヨネーズ … 大さじ1

作り方

1　明太子は皮を取り除き、叩いて細かく刻む。ツナ缶は油をよく切る。大葉とたくあんも細かく刻む。韓国のりはちぎる。
2　ボウルにすべての材料を入れて混ぜ合わせる。
3　2を6等分にして丸め、おにぎりにしたら完成。

POINT

韓国おにぎり「チュモッパ」をイメージして作ったおにぎり。たくあんのコリコリした食感、明太子のピリッとした辛み、マヨネーズのコクでやみつき確定！

第4章

おかわり必至の
ごはんのお供

GOHANNO
OTOMO

ストックおかずナンバーワン！

牛しぐれ煮

牛肉のうまみがしっかりごぼうに染み込み、
しっとりやわらかく仕上がった極上の逸品。

材料　4人分

牛ロース薄切り肉…200g
ごぼう…1/4本(50g)
しょうが…10g
万能ねぎ…少々
A
- しょうゆ…大さじ2
- 料理酒…大さじ3
- みりん…大さじ2
- きび砂糖…大さじ1
- 水…50mℓ

作り方

1 ごぼうは縦半分に切る。さらに3mm幅の斜め切りにし、水に5分ほどさらす。しょうがはせん切りに、万能ねぎは小口切りにする。
2 鍋に合わせたAとしょうがを入れて中火にかけ、ひと煮立ちさせたら牛肉とごぼうを加える。牛肉をほぐしながら、煮汁が少なくなるまで煮詰める。
3 器に2を盛り、万能ねぎを散らしたら完成。

POINT

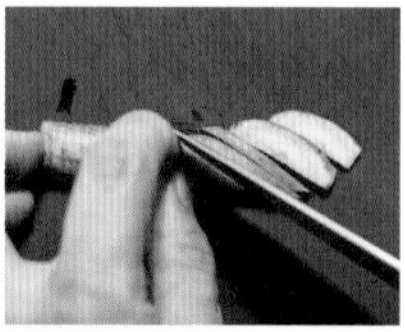

ごぼうはやや厚めに切って食感を残します。ごぼうとしょうがを多めに入れて味わい深い仕上がりに。牛肉は脂身が多めの部分を使うと、パサつき防止に。牛肉を加えたら手早くほぐすのもコツです。

＼何でも合う万能おかず／

やべえうまい肉味噌

白ごはんはもちろん、
レタスやふろふき大根にのせたり、
素麺《そうめん》のトッピングにしたり、
炒飯の具材にしたり。

材料 4人分

豚ひき肉 … 200g
にんにく … 10g
しょうが … 10g
A
- コチュジャン … 小さじ2
- 豆板醤 … 小さじ1
- 甜麺醤 … 大さじ1
- 顆粒鶏ガラスープの素 … 小さじ1
- きび砂糖 … 小さじ2

ごま油 … 小さじ2
水 … 大さじ2

作り方

1 にんにくとしょうがはみじん切りにする。
2 フライパンにごま油、にんにく、しょうがを入れ、中火で炒める。
3 香りが立ったらひき肉を加え、ほぐしながら炒める。
4 合わせたAを加え、なじませながら炒める。
5 ぐつぐつしてきたら、水を加える。少ししっとりしたら完成。

POINT

煮汁にコチュジャン、豆板醤、甜麺醤の3種類を使うことで味に深みが出ます。ひき肉の油が出てくるので、最後に水を加えてしっとりさせるのがポイント。

サケフレーク

ふっくらしっとり

しょっぱさ抑えめで、
サケの味がしっかり味わえる、
「ごはんのお供」の代表格を
手作りでめしあがれ!

材料　作りやすい分量

塩サケの切り身 … 4切れ(320g)
白炒りごま … 小さじ1
料理酒 … 50mℓ
みりん … 30mℓ
ごま油 … 小さじ1
サラダ油 … 小さじ2

作り方

1. 鍋に湯適量(分量外)を沸かし、サケを火が通るまでゆでる。火が通ったら、皮と骨を取り除いて身をほぐす。
2. フライパンを中火で熱してサラダ油をひき、1のサケを焼き色がつくまで炒める。
3. 料理酒とみりんを加え、汁気がなくなるまで煮詰める。
4. 白ごまとごま油を加え、混ぜ合わせたら完成。

POINT

料理酒とみりんをたっぷり使って煮詰めることで、うまみをサケの身に染み込ませています。ごま油の香りが食欲そそる、自家製のサケフレークです。

しょうがが効いた サバフレーク

サバをしっかり焼いて香ばしさをプラス。
薬味のさわやかな風味で
何杯もおかわりいけちゃいます。

材料 作りやすい分量

塩サバ … 半身1～2枚(250g)
長ねぎ … 1/3本
しょうが … 10g
A しょうゆ … 大さじ1
A 料理酒 … 大さじ3
A きび砂糖 … 小さじ2
サラダ油 … 小さじ2

作り方

1 長ねぎとしょうがはみじん切りにする。
2 フライパンか魚焼きグリルでサバを焼き目がつくまでしっかりと焼く。皮と骨を取り除いて身をほぐす。
3 フライパンに油、長ねぎ、しょうがを入れ、中火で炒める。
4 香りが立ったら、2のサバと合わせたAを加えて煮詰める。汁気がなくなったら完成。

POINT

工程2で、サバをしっかりと焼き目がつくまで焼くと、香り高いサバフレークになります。しょうがを合わせることで臭みが取れ、長ねぎでうまみをプラスします。

たらこフレーク

＼朝ごはんにも◎！／

材料 作りやすい分量

たらこ…2腹（100g）
にんにく…1/2片
バター（無塩）…5g
料理酒…大さじ1
レモン汁…少々
オリーブオイル…小さじ2

作り方

1 たらこは皮に切り目を入れ、皮を取り除く。にんにくはみじん切りにする。
2 フライパンにオリーブオイルとにんにくを入れ、中火で炒める。
3 香りが立ったら、たらこ、バター、料理酒を加えて炒め合わせる。仕上げにレモン汁を振って混ぜ合わせたら完成。

POINT

料理酒を入れることで、たらこの臭みを抑えることができます。レモン汁を振ってさらに風味よく、さっぱりと。

香り高い究極の

自家製ツナマヨ

材料　作りやすい分量

カツオの刺し身 … 150g

A
- にんにく … 1片
- ローズマリー … 2本
- オリーブオイル … 50mℓ

ディル … 少々

マヨネーズ … 適量

塩 … 少々

作り方

1 カツオに塩を振ってなじませる。Aのにんにくはつぶす。

2 鍋に湯適量（分量外）を沸かし、カツオの表面の色が変わるまで30秒ほどゆでる。

3 密閉保存袋に2のカツオとAを入れる。炊飯器の内釜に入れ、約90℃の湯1ℓ（分量外）を注ぎ入れる。

4 炊飯器の「保温」で2時間、じっくりと加熱する。

5 ボウルに4のカツオを入れてほぐす。マヨネーズと刻んだディルを加え、混ぜ合わせたら完成。

POINT

炊飯器の「保温」でじっくり熱を通すことで、パサパサにならずしっとりとした仕上がりに。ハーブ類を使って本格的な味わいを楽しんで。

\材料を煮詰めるだけ/

ちりめん山椒

材料 作りやすい分量

しらす … 100g
白だし … 大さじ1
料理酒 … 120㎖
みりん … 大さじ1
粉山椒 … 小さじ1

作り方

1 鍋にすべての材料を入れて中火にかけ、汁気がなくなるまで煮詰めたら完成。

POINT

料理酒をたくさん使って、うまみをしらすに吸わせます。完全に汁気がなくなるまで15分ほど煮詰めてください。

見た目もきれいな

梅ちりめん

材料　作りやすい分量

A
- しらす … 100g
- カリカリ梅 … 20g
- 料理酒 … 120㎖
- みりん … 大さじ1

白炒りごま … 小さじ2

作り方

1. Aのカリカリ梅は種を取り除き、粗みじん切りにする。
2. 鍋に合わせたAを入れて中火にかけ、汁気がなくなるまで煮詰める。
3. 白ごまを加えて混ぜ合わせたら完成。

POINT

カリカリ梅を使ってさっぱりと仕上げます。カリカリとした食感とごまの風味で白飯が進むこと間違いなし！　冷蔵庫で4日間ほど持ちます。

極上納豆ごはん

＼いつもよりランクアップ！／

材料　2人分

ごはん … 茶碗２杯分
納豆 … １パック
きゅうり … 1/2 本
長いも … 30g
大葉 … ３枚
みょうが … ２本
A 塩昆布 … 小さじ１
A 白炒りごま … 小さじ１
A 白だし … 大さじ１

作り方

1　きゅうり、長いも、みょうがは 5mm 角に切る。大葉はみじん切りにする。
2　ボウルに 1 を入れて合わせる。
3　A を加えて混ぜ合わせ、さらに納豆を加えて混ぜる。
4　茶碗にごはんを盛り、3 をかけていただく。

POINT

さっぱりとしたきゅうりや薬味を納豆と合わせれば、味変が楽しめます。きゅうりと長いものシャキシャキ感はいいアクセントに。香味野菜を入れて風味よく。

やべえうまい野菜和え

＼野菜とごはんが絶妙に合う！／

材料　作りやすい分量

なす … 1/2 個 (40g)
きゅうり … 1 本
大根 … 1/6 本 (160g)
大葉 … 3 枚
みょうが … 1 本

A
ツナ缶 (油漬け) … 1/2 缶 (35g)
塩昆布 … 大さじ 1
白炒りごま … 大さじ 1
めんつゆ (2 倍濃縮) … 大さじ 1
ごま油 … 小さじ 1

塩 … 小さじ 1

作り方

1. なすは 2mm 幅の半月切りに、きゅうりとみょうがは 2mm 幅の輪切りに、大根は 2mm 幅のいちょう切りに、大葉はせん切りにする。
2. A のツナ缶は油をよく切る。
3. ボウルに 1 を入れて塩を振り、よくもんでから 10 分置く。
4. 3 の水気をしっかりと切り、A を加えてよく混ぜ合わせたら完成。

POINT

めんつゆとごま油の相性が絶妙！　ツナのこってり感が、さっぱりとした野菜とよく合います。野菜はしっかりと絞って水気を切れば、味がよく染み込みます。

こっくりピリ辛な
野菜味噌

ししとうが決め手の、
甘辛なごはんのお供。
焼いたお肉や、
白身の焼き魚にのっけるのも◎。

材料 作りやすい分量

なす … 1/2 個 (40g)
ししとう … 10 本
大葉 … 10 枚
しょうが … 20g

A
- 味噌 … 大さじ 5
- 料理酒 … 大さじ 3
- みりん … 大さじ 3
- きび砂糖 … 小さじ 2

サラダ油 … 大さじ 1

作り方

1 なすは薄めのいちょう切りに、ししとうは輪切りに、大葉はせん切りに、しょうがはみじん切りにする。
2 フライパンに油としょうがを入れ、中火で炒める。
3 香りが立ってきたら、なすとししとうを加え、しんなりするまで炒める。
4 合わせたAを加えて混ぜ合わせ、なじませながら炒める。 大葉を加えてざっと合わせたら完成。

POINT

工程 3 で、なすとししとうをじっくり炒めると、香りと風味が広がります。白いごはんにちょんとのせて食べるもよし、冷ややっこにのせるもよし。

＼シャキシャキ激ウマ！／

やべえうまいニラもやし

さっとゆでたもやしに、
ニラとたれを合わせるだけ！
栄養豊富なニラを組み合わせた、
コスパ最強レシピ。

材料　作りやすい分量

もやし…1袋（200g）
ニラ…1/2束
A
- おろしにんにく…少々
- 白すりごま…小さじ2
- しょうゆ…大さじ1
- きび砂糖…小さじ1/2
- コチュジャン…小さじ1
- 顆粒鶏ガラスープの素…小さじ1
- ごま油…小さじ2

作り方

1. ニラは3cm長さに切る。
2. 鍋にもやしとかぶるくらいの水（分量外）を入れて強火にかけ、沸騰したらザルに上げて湯を切る。
3. ボウルに1、2、合わせたAを入れ、混ぜ合わせたら完成。

POINT

工程3は、もやしが熱いうちにたれと混ぜ合わせると、味がよく染み込みます。ニラは生の状態で使い、シャキシャキとした歯ごたえと風味を楽しんで。

＼たれに漬けるだけ！／

やべえうまい大葉

材料 作りやすい分量

大葉…20枚

A
- おろしにんにく…少々
- 白炒りごま…小さじ1
- めんつゆ（2倍濃縮）…大さじ3
- 豆板醤…小さじ1/2
- ごま油…小さじ1
- 水…大さじ2

作り方

1. 大葉は軸を取り除く。
2. 合わせたAを大葉1枚1枚にスプーンでかけながら塗る。5分ほど置いたら完成。

POINT

ほかほかの白いごはんをがっつり巻いてほおばれば極上のウマさ！　さっぱりと食べたいお刺し身や、から揚げを味変したい時にもおすすめです。

クセになる
ウマさ！

大葉味噌

材料 作りやすい分量

大葉 … 30 枚
白炒りごま … 小さじ 2

A
- 白すりごま … 大さじ 1
- 味噌 … 大さじ 3
- 料理酒 … 大さじ 3
- みりん…大さじ 3

作り方

1 大葉はみじん切りにする。
2 鍋に合わせたAを入れて中火にかけ、とろみがつくまで煮詰める。
3 2に1を加えて混ぜ合わせる。さらに白ごまを加えて混ぜ合わせたら完成。

POINT

大葉を大量に使うので、さわやかな風味が口いっぱいに広がります。野菜スティックにつけても美味。

やべえうまいねぎ

／万能ねぎが主役／

材料　作りやすい分量

万能ねぎ … 1束

A
- おろしにんにく … 少々
- 白炒りごま … 小さじ1
- しょうゆ … 小さじ1
- 顆粒鶏ガラスープの素 … 小さじ1/2
- 粗挽き黒こしょう … 少々
- ごま油 … 大さじ1

作り方

1. 万能ねぎは4cm長さに切り、20分ほど水にさらす。
2. ボウルに合わせたAを入れ、水気をよく切った1を加えて和えたら完成。

POINT

万能ねぎはほんのり辛みがありますが、水にさらすと辛みが抜けます。辛みが好きな人は水にさらさなくてもOK。調味液と合わせる時は水気をよく切りましょう。

山形のだし

ねばとろの家庭の味

材料　作りやすい分量

なす … 1/2個（40g）
きゅうり … 1本
オクラ … 3本
大葉 … 10枚
みょうが … 1本
塩昆布 … 小さじ2

A
- 白だし … 大さじ1
- しょうゆ … 小さじ2
- きび砂糖 … 小さじ1
- 酢 … 小さじ1

塩 … 少々

作り方

1　オクラは塩で板ずりし、熱湯で2分ほどゆでる。冷水にとり、2mm幅の輪切りにする。

2　なす、きゅうり、みょうがは5mm角に切る。大葉はみじん切りにする。

3　ボウルに1、2、塩昆布を入れ、合わせたAを加えて混ぜ合わせたら完成。

POINT

野菜のサイズをそろえると食べやすくなります。調味液を野菜と合わせると、野菜の水分とオクラのネバネバが増してとろみが出ます。冷蔵庫で3日間保存可能。

／ごはんドロボーの／

無限なめたけ

材料　作りやすい分量

えのきだけ … 1袋（200g）
白炒りごま … 小さじ1

A
- おろしにんにく … 少々
- しょうゆ … 大さじ2
- 料理酒 … 大さじ2
- みりん … 大さじ2
- きび砂糖 … 小さじ2

酢 … 大さじ1
ごま油 … 大さじ1

作り方

1　えのきだけは根元を切り落とし、3等分に切る。
2　フライパンを中火で熱してごま油をひき、1をしんなりするまで炒める。
3　合わせたAを加え、とろみがつくまで煮詰める。
4　白ごまと酢を加え、よく混ぜ合わせたら完成。

POINT

ごま油とにんにくの香りで食欲そそる一品に。えのきだけの根元に近いほうはしっかりほぐしましょう。汁気がなくなるまで煮詰めるととろみが出てきます。

＼さっぱり絶品！／

梅昆布なめたけ

材料 作りやすい分量

えのきだけ … 1 袋（200g）
梅干し … 3 粒
塩昆布 … 小さじ 1
かつお節 … 大さじ 2
白炒りごま… 小さじ 1
A しょうゆ … 大さじ 1
A 料理酒 … 大さじ 2
A みりん … 大さじ 2
サラダ油 … 小さじ 1

作り方

1 えのきだけは根元を切り落とし、3 等分に切る。
2 梅干しは種を取り除き、包丁で叩く。
3 フライパンを中火で熱して油をひき、1 を炒める。
4 塩昆布、2、合わせた A を加え、とろみがつくまで煮詰める。
5 かつお節と白ごまを加え、よく混ぜ合わせたら完成。

POINT

梅を入れてさっぱりとした味わいに。かつお節のだしや風味も効いて、白飯が進むこと請け合い。冷蔵庫で 4 日間ほど持ちます。

食べるしょうが

やみつき間違いなし！

しょうがをたくさんゲットしたら、
ぜひ作りたい！
にんにくの風味でさらに食欲をそそります。

材料 作りやすい分量

しょうが … 80g
長ねぎ … 1/2本
にんにく … 2片

A
- しょうゆ … 小さじ2
- オイスターソース … 小さじ1
- 料理酒 … 大さじ1
- みりん … 大さじ1

コチュジャン … 小さじ1
ごま油 … 大さじ1
サラダ油 … 大さじ1

作り方

1. しょうが、長ねぎ、にんにくはみじん切りにする。
2. フライパンにサラダ油と1を入れ、中火で炒める。
3. 香りが立ったら、コチュジャンを加えてなじませる。
4. 合わせたAを加え、汁気がなくなるまで煮詰める。ごま油を回しかけて混ぜ合わせたら完成。

POINT

工程2で、しょうが、長ねぎ、にんにくをしっかり炒めて香りを引き出すことがポイント。オイスターソースを加えることで、コクとうまみがプラスされます。

\ 巷《ちまた》で話題沸騰！ /

のりバター

材料　作りやすい分量

板のり … 5枚
バター（無塩） … 5g
A　料理酒 … 大さじ3
　　水 … 大さじ3
B　しょうゆ … 大さじ3
　　きび砂糖 … 大さじ1
　　水 … 130㎖

作り方

1　ボウルに細かくちぎった板のりと合わせたAを入れ、ふやかしておく。
2　フライパンにBを入れて中火にかけ、ひと煮立ちさせたら1を加える。
3　汁気がなくなるまで混ぜ、煮詰まったらバターを加える。味がなじんだら完成。

POINT

のりの佃煮にバターを合わせれば、コクが出てマイルドに。子どもも大好きな味に仕上がります。冷蔵庫で4日間ほど保存できます。おにぎりの具材にも◎。

第5章

みんな大好き！
卵が主役のおかず

TAMAGOGA
SYUYAKUNO
OKAZU

＼世界一ウマい！／

卵黄漬けごはん

舌に絡みつくようなねっとりした食感に、
濃厚な卵黄の風味で、
ごちそう感のある卵かけごはんに！

材料 2人分

ごはん … 茶碗2杯分
卵黄 … 2個分
かつお節 … 少々
しょうゆ … 大さじ2
みりん … 大さじ4

作り方

1. 鍋にみりんを入れて火にかけ、煮切ってアルコールを飛ばす。
2. ボウルに1としょうゆを入れて合わせ、粗熱を取る。
3. 卵黄を2に浸け、1時間ほど置く。
4. 茶碗にごはんを盛り、卵黄をのせてかつお節をかけたら完成。

POINT

卵黄を調味液に浸けると、水分が出てねっとりとした食感と濃厚な味わいになります。お好みのねっとり感になるよう、浸け時間で調整を。

半熟とろ~り

味つけ卵

しっかり染み込んだ味つけ卵は飽きのこない一品。
にんにくの効いたピリ辛味で、 おつまみにもぴったり。

材料 8個分

卵…8個

A
- 玉ねぎ…1/2個（100g）
- みょうが…2本
- 万能ねぎ…3本
- おろしにんにく…小さじ1/2
- おろししょうが…小さじ1/2
- 白炒りごま…大さじ2
- 輪切り唐辛子…少々
- しょうゆ…150㎖
- きび砂糖…70g
- 酢…大さじ1
- 水…150㎖

B
- 酢…大さじ2
- 水…2ℓ

作り方

1 Aの玉ねぎとみょうがはみじん切りに、万能ねぎは小口切りにする。
2 鍋にBを入れて火にかけ、沸騰してなじんだら卵をゆっくり入れて6分30秒ゆでる。
3 すぐに冷水にとり、卵の殻をむく。
4 ボウルにAを入れて混ぜ合わせ、3を浸けて1日置いたら完成。

POINT

卵はゆでる前に室温に戻しておきましょう。冷蔵の卵を使う場合はゆで時間を1分プラスして。ゆでる時は1分に1回の頻度でゆっくりかき混ぜると卵黄が中央にきて、切った時にきれいです。

極上目玉焼き

ガーリックオイルで作る

材料 2個分

卵 … 2個
にんにく … 1片
塩 … 少々
粗挽き黒こしょう … 少々
オリーブオイル … 大さじ1

作り方

1 にんにくは半分に切る。
2 フライパンにオリーブオイルとにんにくを入れて中火にかけ、香りが出るまで炒める。
3 卵を割り入れ、塩、黒こしょうを振る。 オリーブオイルを黄身にかけながらカリッとするまで焼いたら完成。

POINT

オリーブオイルとにんにくを合わせれば、それだけで食欲倍増。にんにくは焦げそうになったら取り出して。黄身はお好みのかたさになるように調整を。

目玉焼き明太ごはん

＼背徳の味！／

材料　1人分

ごはん … 茶碗1杯分
目玉焼き(P.114の「極上目玉焼き」の作り方参照) … 1個

A
- 明太子 … 20g
- 大葉 … 1枚
- ごま油 … 小さじ1

作り方

1. Aの明太子は皮を取り除いてほぐし、大葉はみじん切りにする。
2. ボウルにAを入れて混ぜ合わせる。
3. 茶碗にごはんを盛り、目玉焼きと2をのせたら完成。

POINT

明太子＋目玉焼き＋アツアツごはんの組み合わせは間違いなし！　明太子の臭みを大葉が消してくれます。ごま油の香りも加わり、おかわり必至。

＼ピリッとした辛みが美味／

ねぎ味噌卵かけごはん

長ねぎを香ばしく焼き、だしの効いた味噌と調合。
にんにくとごま油で香りをプラスした神レシピ！

材料　作りやすい分量（卵かけごはんは１人分）

ごはん … 茶碗１杯分
卵 … １個
長ねぎ（白い部分）… 10cm
にんにく … １片
味噌 … 80g
料理酒 … 大さじ２
みりん … 大さじ２
豆板醤 … 小さじ１/２
ごま油 … 大さじ２

作り方

1. 長ねぎとにんにくはみじん切りにする。
2. フライパンにごま油、長ねぎ半量、にんにくを入れて中火にかけ、香りが出るまで炒める。
3. 豆板醤を加え、辛みが出るまで炒める。
4. 料理酒とみりんを加えて１分ほど煮詰め、アルコールを飛ばす。
5. 残りの長ねぎを加えて混ぜ合わせる。さらに味噌を加え、よくなじませたら「ねぎ味噌」の完成。
6. 茶碗にごはんを盛り、割った生卵をのせる。5のねぎ味噌をのせていただく。

POINT

豆板醤は熱を加えると辛みが増します。長ねぎは２回に分けて入れます。工程２では炒めてうまみと甘みを、工程５では食感とフレッシュ感をプラス。

食べるラー油の卵かけごはん

＼おいしさ無限大！／

「食べるラー油」だけでも重宝しますが、
卵かけごはんにちょいのせすれば大人の一杯が完成。

材料　作りやすい分量（卵かけごはんは1人分）

ごはん … 茶碗１杯分
卵黄 … １個分

A
- 干しエビ … 10g
- 長ねぎ … 1/3本
- 白炒りごま … 小さじ２
- 韓国粉唐辛子 … 大さじ１

B
- フライドオニオン … 10g
- フライドガーリック … 10g
- しょうゆ … 小さじ２
- きび砂糖 … 小さじ１
- コチュジャン … 大さじ１

C
- しょうが … 10g
- ごま油 … 大さじ２
- サラダ油 … 80㎖

作り方

1. Aの干しエビと長ねぎ、Cのしょうがはみじん切りにする。Bのフライドオニオンとフライドガーリックは細かく砕く。
2. ボウルにAを入れて合わせる。
3. フライパンにCを入れ、中火で香りが立つまで炒める。
4. 3の油を高温に熱し、2に流し入れて合わせる。
5. 合わせたBを加えて混ぜ合わせたら、「食べるラー油」の完成。
6. 茶碗にごはんを盛り、卵黄をのせ、5の食べるラー油をかけていただく。

POINT

工程４で、アツアツの油を一気に2にかけることで香りが立ちます。「食べるラー油」はパスタにかけたり、お料理にちょいのせするとアクセントに。

だし巻き玉子

しっとりじゅわっと

やさしい味わいに仕上げるのがポイント。
焼き立てアツアツが、ごはんに一番合います！

材料 4人分

卵…4個
A
- 白だし…小さじ1/2
- きび砂糖…小さじ1/2
- 顆粒和風だしの素…小さじ1
- 水…大さじ4

サラダ油…適量

作り方

1. ボウルに卵を割り入れ、しっかり溶きほぐす。
2. 合わせたAを加え、やさしく混ぜて卵液を作る。
3. 玉子焼き用フライパンを弱めの中火で熱し、油少々を全体になじませる。
4. 卵液1/4量を流し入れ、奥から手前に巻いて焼く。
5. 奥に寄せ、油少々をキッチンペーパーでフライパン全体になじませたら、卵液1/4量を流し入れる。全体に広げ、奥から手前に巻いて焼く。
6. 5をあと2回繰り返して焼く。
7. 巻きすで6を巻き、形を整えたら完成。

POINT

卵液に水を加えるとしっとりとした仕上がりになります。焼く時は弱めの中火で4回に分け、奥から手前に巻きながら焦がさないように焼いていきます。

子どもも大好物♡

にんじんしりしり

材料 2人分

にんじん…1/2本（75g）
卵…1個
かつお節…3g
めんつゆ（2倍濃縮）…小さじ2
塩…少々
ごま油…大さじ1と2/3

作り方

1 にんじんは細切りにする。
2 フライパンにごま油大さじ1と1を入れ、中火にかける。塩を振って甘みが出るまで炒める。
3 フライパンの空いたスペースにごま油大さじ2/3を加え、溶いた卵を流し入れて半熟状になるまで炒める。
4 にんじんと卵を混ぜ合わせ、かつお節とめんつゆを加える。ざっと混ぜ合わせたら完成。

POINT

にんじんに塩を振ると水分が出て甘みが出やすくなります。卵とにんじんは一緒に炒めず、ふんわりとした炒り卵にしてから合わせれば、ボソボソになりません。

第6章

冷蔵庫のありもので
秀逸おかず

ARIMONODE
OKAZU

自家製さつま揚げ

＼このうえなくふわっふわ！／

魚のすり身の代わりにはんぺんを使うと、
ふわふわでとろけるような舌ざわりに。

材料 8個分

はんぺん…2枚
玉ねぎ…1/4個（50g）
長いも…50g
紅しょうが…10g
A
- 片栗粉…大さじ1
- しょうゆ…小さじ1
- マヨネーズ…大さじ1
- みりん…小さじ1

揚げ油…適量

作り方

1 玉ねぎはみじん切りにする。長いもはすりおろす。
2 ボウルにはんぺんをちぎって入れ、1、紅しょうが、Aを加えてなめらかになるまでこねる。
3 2を8等分にして丸め、平たく形を整える。
4 170℃に熱した揚げ油で、3をひっくり返しながら3分ほど揚げる。
5 きつね色になったら完成。お好みで酢じょうゆでいただく。

POINT

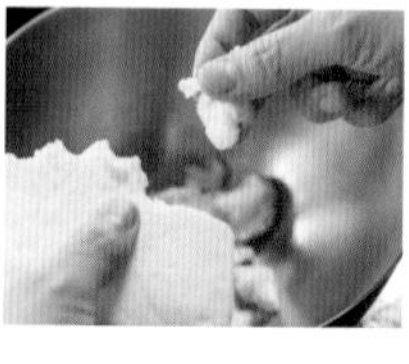

魚のすり身を使わず、はんぺんで代用すれば手間いらず。ふわっと軽い食感に仕上がります。はんぺんは手で細かくちぎると、食材や調味料と混ざりやすくなります。

＼しみしみでウマウマ〜！／

厚揚げのうま煮

ごはんの上にのせて厚揚げうま煮丼でも！
煮汁がごはんに染みて、箸が進みすぎる。

材料 3〜4人分

厚揚げ…1枚
長ねぎ（白い部分）…10cm
A
しょうゆ…大さじ3
めんつゆ（2倍濃縮）…大さじ3
みりん…100mℓ
水…400mℓ

作り方

1 厚揚げは食べやすい大きさに切る。長ねぎは3等分に切る。
2 鍋に厚揚げとかぶるくらいの水（分量外）を入れ、強火にかけてひと煮立ちさせる。
3 2をザルに上げて湯を切り、水で軽く洗う。
4 鍋に長ねぎ、3、合わせたAを入れて中火にかけ、煮汁が半量になるまで煮詰めたら完成。

POINT

厚揚げは、湯切りをしたら軽く水で洗って酸化した油を落とし、臭みを取り除きます。工程4で、煮詰めることで長ねぎのうまみが厚揚げに。

揚げ出し豆腐

＼外はカリッ、中はふわっ／

こんがり揚げた揚げ出し豆腐に、みぞれつゆを合わせ、
口いっぱいにじゅわーっと広がるだしの風味。

材料 2人分

木綿豆腐…200g
なす…1/2個（40g）
おろし大根…大さじ1
万能ねぎ…少々
刻みのり…少々
片栗粉…適量
A 白だし…大さじ2
　みりん…大さじ2
　顆粒和風だしの素…小さじ1
　水…300mℓ
揚げ油…適量

作り方

1 豆腐は4等分に切り、片栗粉をまぶす。
2 なすは食べやすい大きさに切る。万能ねぎは小口切りにする。
3 170℃に熱した揚げ油で1を2分ほどまんべんなく揚げる。
4 なすも3の揚げ油で1分ほど素揚げする。
5 鍋に合わせたAを入れて中火にかけ、ひと煮立ちさせたらおろし大根を加えてすぐに火を止める。
6 器に3と4を盛り、5のつゆをかけ、万能ねぎと刻みのりを散らしたら完成。

POINT

つゆにおろし大根を入れると風味豊かな味わいに。大根の風味が消えないよう、工程5でおろし大根を加えたら火を入れすぎないように注意しましょう。

＼冷めても絶品！／

こんにゃくのピリ辛煮

こんにゃくとちくわの節約食材で、
ボリューム満点の甘辛おかずができあがり！

材料 3〜4人分

こんにゃく…1枚（250g）
ちくわ…2本
にんにく…1片
鷹の爪…1本
A
- しょうゆ…大さじ2
- 味噌…小さじ1
- みりん…大さじ2
- きび砂糖…大さじ1
- 水…200mℓ

サラダ油…大さじ1

作り方

1. こんにゃくは縦半分に切り、さらに1cm幅に切る。ちくわは1cm幅の斜め切りにする。
2. にんにくはみじん切りにする。鷹の爪は種を取り除く。
3. フライパンに油とにんにくを入れ、弱火で炒める。
4. 香りが立ったら鷹の爪を加え、辛みが出るまで炒める。
5. 1を加えて軽く炒めたら、合わせたAを加える。汁気がなくなるまで煮詰めたら完成。

POINT

こんにゃくだけだと淡泊な味わいになるので、だしの出るちくわを合わせて深みのある味わいに。辛いのが苦手な人は、鷹の爪の量を調整しましょう。

どこか懐かしい味

ひじき煮

小鉢に少量なんてもったいない！
3つの食材で主役級の存在になる
副菜おかずです。

材料 4人分

芽ひじき（乾燥）… 10g
にんじん … 1/3 本（50g）
油揚げ … 1 枚
A しょうゆ … 小さじ 2
A めんつゆ（2 倍濃縮）… 小さじ 2
A みりん … 大さじ 1
A 顆粒和風だしの素 … 小さじ 1
A 水 … 150㎖
ごま油 … 小さじ 2

作り方

1 にんじんはせん切りにする。油揚げは熱湯をかけて油抜きをし、縦半分に切ってさらに 5mm 幅に切る。
2 鍋に芽ひじきとかぶるくらいの水（分量外）を入れて強火にかけ、ひと煮立ちさせる。1 分ほどでザルに上げ、湯を切る。
3 フライパンを中火で熱してごま油をひき、にんじんをしんなりするまで炒める。
4 油揚げ、2、合わせた A を加え、汁気がなくなるまで煮詰めたら完成。

POINT

芽ひじきを常備しておけば、おかずに困った時に手軽に作れます。くたくたになるまでじっくり煮詰めることで、味が食材にじっくり染み込みます。

なすとピーマンの揚げ浸し

／食欲倍増間違いなし！／

夏野菜をさっぱりいただきたい時は、
おろし大根をたっぷりのせると美味。

材料 2人分

なす … 2個（160g）
ピーマン … 2個
A
- しょうゆ … 50㎖
- めんつゆ（2倍濃縮）… 50㎖
- みりん … 100㎖
- 水 … 300㎖

塩 … 少々
揚げ油 … 適量

作り方

1. なすは縦半分に切り、皮に切り目を入れて6等分に切る。断面に塩を振って10分ほど置き、アク抜きをする。
2. ピーマンはヘタ、種、ワタを取り除き、縦8等分に切る。
3. 180℃に熱した揚げ油で1のなすを揚げる。竹串がスーッと入るようになったら油から上げる。
4. 3の揚げ油で2のピーマンを30秒ほど揚げる。
5. 鍋に合わせたAを入れて強火にかけ、ひと煮立ちさせたら1分ほど煮詰める。
6. 器に3と4を盛り、5のつゆをかけたら完成。

POINT

なすは水に浸けず、塩を振ってアクを抜くと、油ハネを防止できます。揚げる時はなすの皮目から揚げると、色が鮮やかに仕上がります。

\ 食材ひとつで神おかず /

なすのうま煮

とろとろやわらかな、冷やしてもごはんに合う常備菜。
たくさん食べてもまったく罪悪感なし！

材料 2人分

なす…2個（160g）
白炒りごま…少々
A
- おろししょうが…小さじ1
- しょうゆ…小さじ1
- めんつゆ（2倍濃縮）…大さじ2
- みりん…小さじ1
- 水…200mℓ

塩…少々
ごま油…大さじ1

作り方

1 なすは縦4等分に切る。断面に塩を振って10分ほど置き、アク抜きをする。
2 フライパンを中火で熱してごま油をひき、なすを焼き色がつくまで焼く。
3 合わせたAを加え、落としぶたをして弱火で12分ほど煮る。
4 器に3を盛り、白ごまを振ったら完成。

POINT

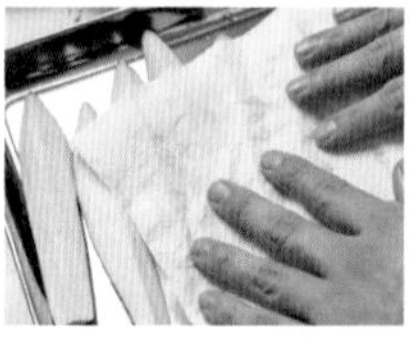

なすの切った断面に塩を振り、アクと水分を抜きます。なすに油を吸わせたいので、ごま油は多めに。

感動きんぴらごぼう

誰かに教えたくなる

ごぼうとにんじんさえあれば、
シャキシャキ歯ごたえがおいしいひと皿が完成!

材料 4人分

ごぼう…1本(200g)
にんじん…1本(150g)
白炒りごま…大さじ1
A しょうゆ…大さじ1
　料理酒…大さじ2
　みりん…大さじ2
　きび砂糖…大さじ1
　顆粒和風だしの素…小さじ1
ごま油…大さじ1

作り方

1 ごぼうは洗って土を落とし、せん切りにする。水に10分ほど浸けてアク抜きをし、ザルに上げて水気を切る。にんじんもせん切りにする。

2 フライパンを中火で熱してごま油をひき、ごぼう、にんじんの順にしんなりするまで炒める。

3 合わせたAを加え、汁気がなくなるまで煮詰める。白ごまを加えて混ぜ合わせたら完成。

POINT

ごぼうとにんじんにしっかりと焼き色をつけて、うまみとコクを引き出します。香ばしいごま油の豊かな香りが食欲をそそるひと品。副菜としても優秀です。

ブロッコリーのペペロンチーノ炒め

／ペロリと食べちゃう！／

ベーコンのうまみをにんにくの香りが引き立ててくれる、
ブロッコリーが主役のピリ辛メニュー！

材料 2人分

ベーコン … 30g
ブロッコリー … 1/2株（130g）
にんにく … 2片
鷹の爪 … 1本
しょうゆ … 小さじ1/2
オリーブオイル … 大さじ1
A［塩 … 20g
　 水 … 2ℓ

作り方

1. ベーコンとにんにくはみじん切りにする。鷹の爪は種を取り除く。
2. ブロッコリーは茎を切り落とし、小房に分ける。
3. 鍋にAを入れて火にかけ、沸騰したら2のブロッコリーを2分ほどゆで、ザルに上げて湯を切る。
4. フライパンにオリーブオイル、にんにく、ベーコンを入れて中火にかけ、香りが立つまで炒める。
5. 鷹の爪を加え、辛みが出たら3のブロッコリーを加えて炒め合わせる。
6. しょうゆを回し入れ、香りが出るまで炒めたら完成。

POINT

ブロッコリーは茎を食べやすい大きさに切って使ってもOK！　工程4では、しっかりと炒めてベーコンとにんにくの香りをオリーブオイルに移しましょう。

箸休めにも！

ほうれん草のナムル

材料　4人分

ほうれん草…1束
長ねぎ（白い部分）…10cm

A
- おろしにんにく…少々
- 白すりごま…大さじ1
- しょうゆ…小さじ2
- きび砂糖…少々
- ごま油…小さじ2

B
- 塩…10g
- 水…2ℓ

作り方

1 ほうれん草はよく洗う。長ねぎはみじん切りにする。
2 鍋にBを入れて火にかけ、沸騰させる。ほうれん草の茎を30秒ほどゆでたら、葉の部分も入れてさらに30秒ほどゆでる。
3 2をザルに上げて湯を切り、すぐに冷水にとる。しっかりと水気を絞ったら、3cm長さに切る。
4 ボウルに3、長ねぎ、合わせたAを入れ、混ぜ合わせたら完成。

POINT

長ねぎを加えることで、食感とうまみを追加した一品。ほうれん草も食感を楽しみたいので、くたくたにならないようさっとゆでるイメージです。

豆もやしのナムル

＼栄養価も高い／

材料　4人分

豆もやし … 1袋（200g）

A
- 長ねぎ（白い部分）… 10cm
- 白すりごま … 小さじ2
- しょうゆ … 大さじ1
- きび砂糖 … 小さじ1/2
- コチュジャン … 小さじ1
- 顆粒鶏ガラスープの素 … 小さじ1/2
- ごま油 … 小さじ2

作り方

1　Aの長ねぎはみじん切りにする。

2　鍋に豆もやしとかぶるくらいの水（分量外）を入れて強火にかけ、沸騰したらザルに上げて湯を切る。

3　ボウルに2と合わせたAを入れ、よく混ぜ合わせたら完成。

POINT

豆もやしは水からゆでることでシャキシャキ食感に仕上がります。ゆですぎないように注意を。水からゆでて沸いたらOKです！

\うまみと甘みが絶妙！/

にんじんのナムル

材料 4人分

にんじん … 1本 (150g)

A
- おろしにんにく … 少々
- 白炒りごま … 小さじ1
- 白すりごま … 小さじ2
- 白だし … 小さじ1
- ごま油 … 小さじ2

塩 … 小さじ1/2

作り方

1. にんじんはせん切りにする。
2. ボウルに1を入れ、塩を振ってもみ込む。10分ほど置き、出てきた水気をしっかりと切る。
3. ボウルに2とAを入れ、よく混ぜ合わせたら完成。

POINT

にんじんは火を通さないので歯ごたえのある食感に。にんじんの水気をしっかり切ると汁っぽくなりません。炒りごまとすりごまの両方を使って味に深みを出します。

中華風やみつききゅうり

／ポリッ！シャキ！コリッ！／

材料　作りやすい分量

きゅうり … 1本
長ねぎ（白い部分）… 10cm
ザーサイ … 30g

A	白炒りごま … 小さじ1
	しょうゆ … 小さじ1
	豆板醤 … 小さじ1/2
	ごま油 … 小さじ1

作り方

1　きゅうりは縦半分に切って種を取り除き、手でひと口大に折る。
2　長ねぎは斜め薄切りにする。ザーサイは細かく刻む。
3　ボウルに1、2、合わせたAを入れ、よく混ぜ合わせたら完成。

POINT

きゅうりのポリポリ感に、長ねぎのシャキシャキ感、ザーサイのコリコリ感がアクセントになって飽きずに箸が進みます。辛さは豆板醤の量で調整してください。

さわやかな香りがアクセント

なすと油揚げとみょうがの味噌汁

材料　3〜4人分

なす … 1/2個（40g）
みょうが … 2本
おろししょうが … 少々
油揚げ … 1/2枚
味噌 … 大さじ2
だし汁 … 600㎖

作り方

1　なすは半月切りに、みょうがは輪切りにする。
2　油揚げは1cm幅に切り、熱湯をかけて油抜きをする。
3　鍋にだし汁、なす、油揚げを入れて火にかけ、ひと煮立ちさせる。
4　なすがやわらかくなったら、味噌を溶き入れる。
5　みょうがとおろししょうがを加え、みょうがに火が入ったら完成。

POINT

最後にみょうがとおろししょうがを入れてさっぱりと。みょうがは火を入れすぎず、余熱でさっと加熱する程度にすると風味が出ておいしくいただけます。

第7章

作り置きしておくと便利！
絶品の佃煮&漬物

TSUKUDANI&
TSUKEMONO

＼ぷっくりふっくら／

牡《か》蠣《き》の佃煮

材料　作りやすい分量

むき牡蠣 … 250g

A
- しょうが … 20g
- しょうゆ … 大さじ3
- 料理酒 … 大さじ3
- みりん … 大さじ3
- きび砂糖 … 大さじ2
- 顆粒和風だしの素 … 小さじ1

作り方

1　Aのしょうがはせん切りにする。
2　鍋に合わせたAを入れて中火にかけ、ひと煮立ちさせる。
3　牡蠣を加えて3分ほど煮たら、一度取り出す。
4　煮汁を半量になるまで煮詰める。
5　牡蠣を戻し入れ、汁気がなくなるまで煮詰めたら完成。

POINT

牡蠣をぷっくり、やわらかく煮るために、工程3で一度取り出します。牡蠣のだしがたっぷり出た煮汁を甘辛く煮詰めることで、白いごはんの極上のお供に！

アサリの佃煮

材料を煮詰めるだけ！

材料　作りやすい分量

アサリのむき身（冷凍）… 250g
しょうが … 20g
しょうゆ … 大さじ3
料理酒 … 大さじ3
みりん … 大さじ3
きび砂糖 … 大さじ2
顆粒和風だしの素 … 小さじ1

作り方

1　しょうがはせん切りにする。
2　鍋にすべての材料を入れて中火にかけ、汁気が少なくなるまで煮詰めたら完成。

POINT

しょうがでアサリの臭みを消します。和風だしを使うことで、アサリのうまみがさらに引き立つ相乗効果が。材料をすべて煮詰めるだけなので、作るのも楽チン！

＼だしがら昆布を使って／

昆布とかつお節の佃煮

材料　作りやすい分量

だし昆布 … 50g
かつお節 … 大さじ3
白炒りごま … 大さじ1
A
しょうゆ … 大さじ3
料理酒 … 大さじ2
みりん … 大さじ2
きび砂糖 … 大さじ3
水 … 100㎖

作り方

1 だし昆布は水適量（分量外）に浸けて戻し、細切りにする。
2 鍋に合わせたAと1を入れて弱火にかけ、汁気がなくなるまで煮詰める。
3 かつお節と白ごまを加え、よく混ぜ合わせたら完成。

POINT

だし昆布は味噌汁などだし汁用に使った昆布を使えば、一石二鳥。かつお節を加えてうまみをプラスすれば、白いごはんが何杯もいけちゃいます。

昆布と梅の佃煮

／梅好きにはたまらない／

材料　作りやすい分量

だし昆布 … 50g
梅干し … 2粒
かつお節 … 大さじ1
しょうゆ … 小さじ2
みりん … 小さじ2
きび砂糖 … 小さじ2
水 … 150㎖

作り方

1　だし昆布は水適量（分量外）に浸けて戻し、1cm 程度の正方形に切る。 梅干しは種を取り除く。
2　鍋にすべての材料を入れて弱火にかけ、汁気がなくなるまで煮詰めたら完成。 味を見て薄いようならしょうゆを足す。

POINT

梅干しの味を引き立てるために、薄味に仕上げています。これでもじゅうぶんごはんに合いますが、物足りない場合はしょうゆの量を調整してみてください。

＼しいたけの軸にうまみあり！／

しいたけの佃煮

材料　作りやすい分量

しいたけ … 6個
しょうゆ … 大さじ1
料理酒 … 大さじ1
みりん … 大さじ1
きび砂糖 … 小さじ2
顆粒和風だしの素 … 小さじ1

作り方

1　しいたけは石突きを取り除き、5mm幅の薄切りにする。
2　鍋にすべての材料を入れて中火にかけ、汁気がなくなるまで煮詰めたら完成。

POINT

しいたけの軸も入れてコリコリの食感も楽しみます。しいたけから出るだし、甘辛い味つけが白いごはんによく合います。

たけのこの佃煮

＼お茶請けにもぴったり／

材 料　作りやすい分量

たけのこ（水煮）… 150g
かつお節 … 10g

A
- めんつゆ（2倍濃縮）… 大さじ2
- きび砂糖 … 大さじ1
- 水 … 150㎖

作 り 方

1. たけのこは5mm幅の薄切りにする。
2. 鍋に1と合わせたAを入れて中火にかけ、煮汁が1/3量になるまで煮詰める。
3. かつお節を加えて弱火にし、汁気がなくなるまで煮詰めたら完成。

POINT

かつお節を入れて土佐煮風に仕上げました。薄めの味つけなので煮物としても味わえます。

\クセになるハマる味！/

しょうがの佃煮

材料 作りやすい分量

新しょうが（しょうがでも可）… 200g
かつお節 … 10g
白炒りごま … 大さじ1
A
- しょうゆ … 大さじ3
- 料理酒 … 大さじ3
- みりん … 大さじ3
- きび砂糖 … 大さじ1

作り方

1 しょうがは薄切りにする。
2 鍋に1とかぶるくらいの水（分量外）を入れ、弱火にかける。ひと煮立ちさせてからさらに5分ほどゆで、ザルに上げて湯を切る。
3 鍋に2のしょうがと合わせたAを入れて中火にかけ、汁気がなくなるまで煮詰める。
4 かつお節と白ごまを加え、よく混ぜ合わせたら完成。

POINT

しょうがをゆでこぼすと、ツンとした辛みがやわらぎます。新しょうがを使うとより辛みがなくなり食べやすくなります。かつお節と白ごまを合わせて風味よく。

白菜漬け

＼大量消費できちゃう！／

材料 作りやすい分量

白菜 … 1/4個（500g）

A
- 塩昆布 … 大さじ1
- 輪切り唐辛子 … 1本分
- 白だし … 100mℓ
- きび砂糖 … 大さじ1
- 酢 … 大さじ2
- 水 … 200mℓ

きび砂糖 … 小さじ1

塩 …小さじ1

作り方

1 白菜は2cm幅のざく切りにし、きび砂糖と塩を振ってもみ込む。30分ほど置き、水気をよく切ったら密閉保存容器に入れる。

2 鍋に合わせたAを入れて中火にかけ、ひと煮立ちさせる。

3 1に2を加えて混ぜ合わせ、3時間ほど浸けたら完成。

POINT

工程1で、白菜にきび砂糖と塩を一緒に振ることで、より脱水効果が得られます。冷蔵庫で4日間ほど持ちます。

＼ピクルス感覚でいただく／

ごはんが進む野菜漬け

セロリが苦手な子どももパクパクいけちゃう！
香りもおいしい、ごはんに合う甘酢漬けです。

材料 作りやすい分量

きゅうり…1本
セロリ…1本
長いも…70g
ヤングコーン…5本
大葉…10枚
A
塩昆布…大さじ1
白だし…100㎖
しょうゆ…大さじ1
きび砂糖…大さじ1
酢…大さじ1
水…300㎖

作り方

1 きゅうりは縦半分に切って種を取り除き、手でひと口大に折る。
2 セロリは5mm幅の斜め切りに、長いもは短冊切りにする。ヤングコーンは縦半分に切る。大葉は軸を取り除く。
3 密閉保存容器に1と2を入れる。
4 鍋に合わせたAを入れて中火にかけ、ひと煮立ちさせる。
5 4が熱いうちに3に注ぎ入れ、1日浸けたら完成。

POINT

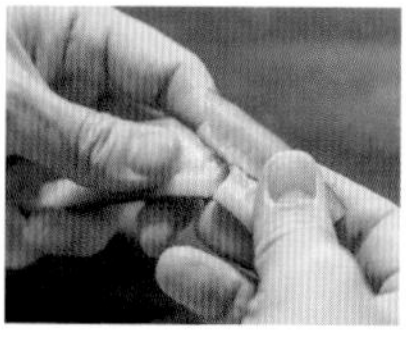

きゅうりはスプーンなどで種を取り除き、手で折ると味が染み込みやすくなります。1日経ったら食べ頃。冷蔵保存で4日間持ちます。食感が楽しめる野菜を入れることで食べごたえのある逸品に！

＼彩りも鮮やか！／

赤玉ねぎの甘酢漬け

材料　作りやすい分量

赤玉ねぎ … 1個（200g）
A［白ワインビネガー … 50㎖
　 きび砂糖 … 大さじ1

作り方

1　赤玉ねぎは薄切りにし、密閉保存容器に入れる。
2　鍋にAを入れて中火にかけ、ひと煮立ちさせる。
3　1に2を注ぎ入れ、3時間ほど浸けたら完成。

POINT

赤玉ねぎは辛みが少ないので酢漬けとの相性が抜群。白ワインビネガーを使って、ピクルスのような味わいに。

やめられない、止まらない

大根のパリパリ漬け

材料　作りやすい分量

大根 … 1/3 本 (350g)

A
- 輪切り唐辛子 … 1 本分
- しょうゆ … 大さじ 2
- めんつゆ (2 倍濃縮) … 100mℓ
- きび砂糖 … 大さじ 2
- 酢 … 大さじ 1
- 水 … 300mℓ

作り方

1. 大根は 1cm 幅のいちょう切りにする。
2. 鍋に合わせた A を入れて中火にかけ、ひと煮立ちさせる。
3. 密閉保存容器に大根を入れ、2 を注ぎ入れる。 1 日浸けたら完成。

POINT

大根のサイズを、1 cm 幅とやや大きめにしてパリパリの食感にしました。冷蔵庫で 4 日間ほど保存可能。辛めが好きなら輪切り唐辛子の量を増やしても美味。

＼ビールのおつまみにも／

きゅうりのピリ辛漬け

材料　作りやすい分量

きゅうり … 2本
しょうが … 10g
A
- 輪切り唐辛子 … 1本分
- しょうゆ … 大さじ4
- みりん … 大さじ1
- きび砂糖 … 大さじ2
- 豆板醤 … 小さじ1/2
- 酢 … 大さじ1

塩 … 少々

作り方

1. きゅうりは1cm幅の輪切りにする。塩を振り、10分ほど置いてから水気を切る。しょうがはせん切りにする。
2. 鍋に合わせたAを入れて中火にかけ、ひと煮立ちさせる。
3. 密閉保存容器に2ときゅうりを入れて混ぜ合わせ、しょうがを加える。1日浸け、味がしっかり染み込んだら完成。

POINT

工程2の調味液は、アツアツのうちにきゅうりと合わせるとよく染みます。4日間ほど保存ができますが、しょっぱくなりすぎるので1日で調味液から上げましょう。

オイキムチ

／明太子で簡単に本場の味！／

材料 作りやすい分量

きゅうり … 2本

A
- 明太子 … 40g
- おろしにんにく … 少々
- おろししょうが … 少々
- 一味唐辛子 … 小さじ1/2
- ごま油 … 小さじ1

塩 … 小さじ1/2

作り方

1. きゅうりは1cm幅の輪切りにし、塩をもみ込む。10分ほど置いてしんなりしたら、しっかりと水気を切る。
2. Aの明太子は皮を取り除いてほぐす。
3. 密閉保存袋に1と合わせたAを入れてもみ込み、1日置いたら完成。

POINT

明太子を入れると辛みとうまみが増します。明太子の辛みだけでは物足りないので、一味唐辛子を入れています。辛いのが好きな方は分量を調整してください。

ニラのしょうゆ漬け

＼使い方いろいろ！／

材料　作りやすい分量

ニラ … 1束

A
- おろしにんにく … 少々
- 白炒りごま … 小さじ 1
- しょうゆ … 小さじ 2
- きび砂糖 … 小さじ 1
- 豆板醤 … 小さじ 1/2
- 顆粒鶏ガラスープの素 … 小さじ 1/2

作り方

1　ニラは洗って水気を拭き取り、3cm 長さに切る。

2　ボウルに A と 1 を入れ、よく混ぜ合わせたら完成。

POINT

ニラのシャキシャキした食感がやみつきに。卵かけごはんにのせたり、ラーメンのトッピングにしたり、いろんな食べ方を楽しんで。

長いものしょうゆ漬け

しっかり味が染みている

材料　作りやすい分量

長いも … 200g

A
- しょうゆ … 大さじ2
- きび砂糖 … 小さじ2
- 豆板醤 … 小さじ1/2
- 酢 … 大さじ2

作り方

1. 長いもは皮をむいていちょう切りにする。ボウルに入れて流水で洗い、ぬめりを取って水気を切る。
2. 密閉保存袋に合わせたAと1を入れ、3時間ほど浸けたら完成。

POINT

長いもはぬめりをきちんと取ると味がよく染み渡ります。浸けだれはあえて火を入れず、長いものシャキシャキ感が残るようにしました。

＼パリポリ食感がおいしい！／

ごぼうのしょうゆ漬け

きび砂糖のコクとピリ辛な味わいでやみつきに！
食物繊維が豊富で、ヘルシーな一品。

材料 作りやすい分量

ごぼう…1本（200g）

A
- 輪切り唐辛子…1本分
- しょうゆ…大さじ2
- めんつゆ（2倍濃縮）…100mℓ
- きび砂糖…大さじ1
- ごま油…小さじ1
- 水…50mℓ

作り方

1 ごぼうは洗って土を落とし、3cm長さに切ってさらに縦半分に切る。
2 鍋に1とかぶるくらいの水（分量外）を入れて強火にかけ、沸騰してからさらに2分ほどゆでたら湯を切る。
3 鍋に合わせたAを入れて中火にかけ、ひと煮立ちさせる。
4 密閉保存容器に2のごぼうを入れ、3を注ぎ入れる。1日浸けたら完成。

POINT

ごぼうの食感を楽しみたいので、あえて大きめに切っています。ゆでる時間は2分が目安。それ以上ゆでるとやわらかくなりすぎてしまうので要注意。

付録

どんなおかずもごはんに合う

極上のたれ＆ソース

たれやソースを作っておけば、ささっとごはんに合うおかずが完成。
炒めるだけ、かけるだけ、浸けるだけで、
我が家の味がお店の味に早変わり！

どんなフライもごちそうになる

ごはんが進む タルタルソース

材料　作りやすい分量

ゆで卵…1個分

A
- 玉ねぎ…1/8個（25g）
- いぶりがっこ…30g
- しょうゆ…小さじ1/2
- マヨネーズ…70g
- ウスターソース…小さじ1/2
- 酢…小さじ1

作り方

1. Aの玉ねぎといぶりがっこはみじん切りにする。
2. ボウルにゆで卵を入れ、フォークで細かくつぶす。
3. 2にAを加え、よく混ぜ合わせたら完成。

POINT

ゆで卵は固めにゆでましょう。いぶりがっこのスモーキーな香りが、味に深みを出してくれます。エビフライやアジフライとヤバいほどよく合います。

市販のたれより断然おいしい！

焼き肉のたれ

材 料 作りやすい分量

りんご … 1/4 個
おろしにんにく … 小さじ 1/2
はちみつ … 小さじ 2
しょうゆ … 大さじ 3
みりん … 大さじ 5
コチュジャン … 小さじ 2
ごま油 … 小さじ 2

作 り 方

1 りんごは皮をむいてすりおろす。
2 鍋にすべての材料を入れて中火にかけ、2 分ほど煮詰めたら完成。

P O I N T

お肉にたれを絡めながら焼くと、りんごの酵素でやわらかく仕上がります。つけだれにしても美味。りんごのフレッシュな香りが市販だれに差をつけてくれます。

ごはんにのせるだけでも美味！

やみつきねぎだれ

材料　作りやすい分量

長ねぎ(白い部分) … 10cm
おろしにんにく … 少々
白炒りごま … 小さじ1
顆粒鶏ガラスープの素 … 小さじ1
粗挽き黒こしょう … 少々
ごま油 … 大さじ2

作り方

1　長ねぎはみじん切りにする。
2　ボウルにすべての材料を入れ、よく混ぜ合わせたら完成。

POINT

混ぜるだけの黄金比。焼き肉のたれにしたり、卵かけごはんの味つけに使ったり、お刺し身を和えたり……と重宝します。

少し甘めでこってり

味噌だれ

材料 作りやすい分量

白すりごま…小さじ1
はちみつ…小さじ1
味噌…大さじ1
コチュジャン…小さじ2
酢…小さじ1
ごま油…小さじ1

作り方

1 ボウルにすべての材料を入れ、よく混ぜ合わせたら完成。

POINT

サムギョプサルやポッサムに使うと抜群においしくなります。サンチュ、レタス、えごまの葉にこんがり焼いたお肉をのせ、味噌だれをのせたら最高！

ありもの野菜を炒めるだけ！

万能野菜炒めのたれ

材料 作りやすい分量

おろしにんにく … 小さじ1/2
はちみつ … 小さじ1
しょうゆ … 大さじ2
料理酒 … 大さじ1
みりん … 大さじ2
コチュジャン … 小さじ1

作り方

1 ボウルにすべての材料を入れ、よく混ぜ合わせたら完成。

POINT

肉野菜炒めでも、野菜オンリーの炒め物でも、このたれひとつあれば味が決まります。コチュジャンが入っているのでピリ辛な味わいに。

絶品になる黄金比

漬け丼のたれ

材料 作りやすい分量

しょうゆ…50㎖
料理酒…大さじ1と1/2
みりん…大さじ1と1/2
顆粒和風だしの素…小さじ1/2

作り方

1 鍋に料理酒とみりんを入れて中火にかけ、ひと煮立ちさせてアルコールを飛ばしたら弱火にする。

2 しょうゆと和風だしの素を加え、混ぜ合わせたら完成。

POINT

マグロやカツオなどのお刺し身を、このたれに30分ほど浸けるだけでおいしいヅケ(漬け)に。ごはんにのせ、白ごまや万能ねぎ、卵黄を合わせれば、極上丼のできあがり!

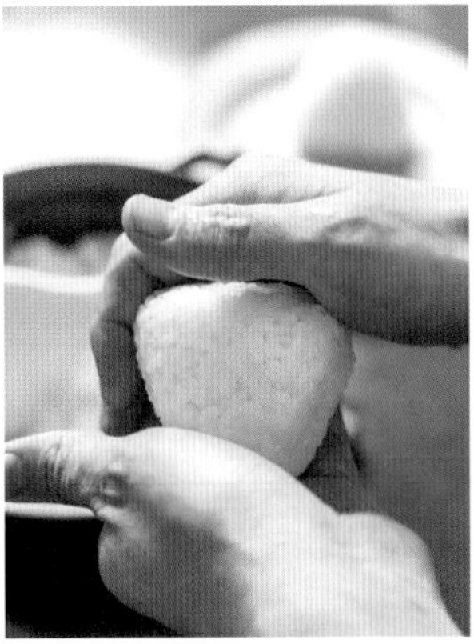

おわりに

本書を手に取っていただき、ありがとうございました。
「作ってみたい!」と思っていただけるごはんのお供はありましたでしょうか?
私がはじめて料理をしたのは高校生の時。
「鶏肉の照り焼き」を作って家族に振る舞いました。
みんなが「おいしい!」と言って食べてくれたことを、今でも覚えています。
自分が作った料理で家族を笑顔にすることができる――。そこに感動を覚え、料理人の道に進むことにしました。
SNSを通じて知り合った方々から、たくさんのコメントをいただきます。
「子どもが『おいしい』と言っておかわりをしてくれ、料理が楽しくなりました」
「家族から『また作って』と言われました」
このようなコメントが届くたびに私の経験と重なり、本当にうれしく、励みになります。
本書には、少し手間のかかる料理もありますが、食べてくれた方が必ず笑顔になるレシピだと確信しております。
あなたの大切な方の幸せな笑顔が、食卓に広がることを願って。

2023年5月吉日
森シェフ

きのこ類

卵・チーズ

豆腐・豆製品

練り物・こんにゃく

乾物

漬物・佃煮

森シェフ

愛知県在住の料理人。名古屋の有名洋食店やイタリアン、ビストロで経験を積んだのち、和食店の新規開業を担う。4店舗の総括料理長に就任し、数々の人気メニューを生む。「おうちで作るプロの味」をコンセプトに、本当においしく作れるレシピをSNSで紹介し話題に。SNS総フォロワー数は140万人を超える。2022年に独立し、「森シェフ商店」を立ち上げてオリジナル調味料の開発をスタート。著書に『おうちごはんの神』(KADOKAWA)がある。

Instagram　@pasta.mori
Twitter　@yohtaro 007
YouTube　@morichef
TikTok　@pasta.mori

かきこみたくなる
やべぇうまい白《しろ》飯《めし》おかず100

2023年6月20日　第1刷発行

著者　森《もり》シェフ
発行者　佐藤靖
発行所　大和《だいわ》書房
東京都文京区関口1-33-4
電話03(3203)4511
デザイン　内村美早子(anemone graphic)
撮影　片桐圭(lingua franca)
スタイリング　川﨑尚美
編集　滝澤和恵(大和書房)

印刷　歩プロセス
製本所　ナショナル製本

ISBN978-4-479-92165-3

http://www.daiwashobo.co.jp/